ともに明日を見る窓

児童文学の中の子どもと大人

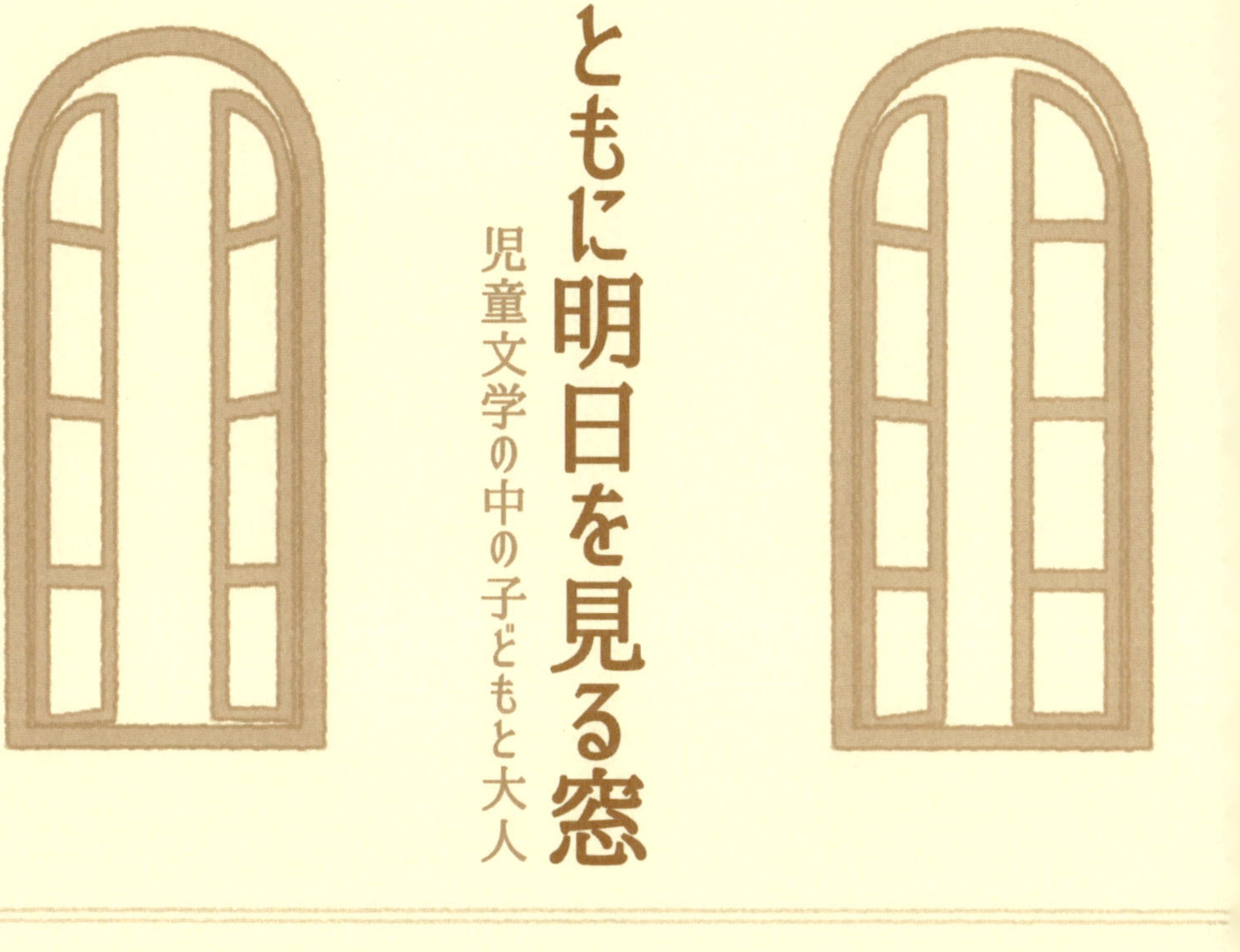

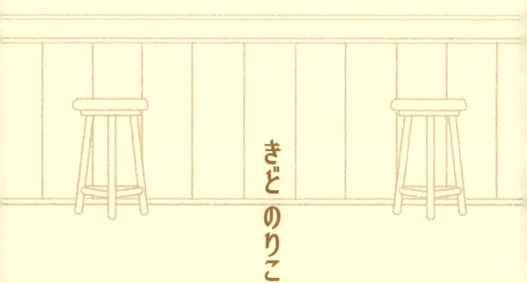

きどのりこ

本の泉社

ともに明日を見る窓

児童文学の中の子どもと大人

きど　のりこ

はじめに

児童文学好きの私のいうことですから、一般文学の愛読者の方からは反発を受けるかもしれませんが、文学が「人間」を描くものである以上、「児童文学」はトータルに人間を描くことのできる貴重な実験場ではないかと思うのです。なぜなら、ノスタルジックな懐古を除いてはほとんど点景としてしか「一般文学」には登場しない「子ども」というものが、ここでは主役であるばかりか、やや脇役的ではありますが当然、多様な大人たちも描かれるからです。また児童文学は、個体としてのひとりの大人の中に存在する「子ども」を描くことだってできるのです。やや我田引水的にいえば、子どもと大人の総合体であるこの社会そのものを描くことのできる場所が「児童文学」ではないでしょうか。

ペシミズムを受け入れるかどうか

でも、児童文学とは何か、一般文学とどう違うのかというのはたいへん難しい問いです。

基本的には、児童文学は大人が、第一読者を子どもたちに想定して書く文学です。でも近年、YA文学などを中心にそのボーダーは薄らいできており、また幼い子どもに向けて書かれたものでも、大人がともに楽しめるものがたくさんあります。

昔の炉端《ろばた》でも、楽しく面白い物語は大人・子どもに隔てなく語られていました。でも、残酷な話や卑猥な話は、子どもたちに聞かせないよう、ちょっとした配慮もあったことでしょう。その、ちょっとした配慮（文字化した時には難しい表現や表記を使わないことも含めて）がなされたものが「児童文学」であり、それは「文学」の本質の部分とはあまり関わりないと考えます。

ただ、ひとつだけ一般文学と児童文学の大きな違いと思われることがあります。太宰治は、その絶筆となった作品「グッドバイ」を新聞連載する際に、「サヨナラだけが人生だ」といっていますが（正確には太宰の先輩が唐詩選の五言絶句の中の「人生足別離」を訳した言葉）、この言葉に戦後まもなくの状況による虚脱感や、その直後の自殺に至る心境を重ねて、文学的感興を抱く読者も多いことでしょう。こうしたペシミスティックな考えや滅びゆくものに共感し、また一種の美を感じることも、一般文学ではありえます。でも、私たちは子どもに向かって、人生は別離のみであり、虚しいもので、希望に満ちた明日などというものはないのだ、ということはできません。また虚無的な考えを根底に持ちながら、子どもに向かって文学を書くことも許されない、と思います。

子どもも病気や事故、戦争などで生命を落とし、みずから生命を絶つことだってありますが、基本的にはたくさんの明日を持っています（子どもの死は現在の子ども自身の存在の死と、未来の大人としての存在の死という二重の死として考えられます）。そのため、大人の文学と子どもの文学に違いがあるとすれば、このペシミズムを「文学」として受け入れるかどうかの違いだけだ、と私は考えているのです。子どもに向けて死や別離を語ってはいけないというのではけっしてありません。すぐれた児童文学には多くの死や別離が描かれています。その悲しみが、明日もまた生きることにつながるかどうかが、別れ道かもしれません。

「子ども性」は精神の根源部分

私は幼い頃、大人というものは最初から大人なのだ、老人はその存在の初めから年老いているのだと思っていました。身近な動物や植物たちのように目に見える成長ではなく、人が成長しまた年老いていくスパンがあまりに長いので、子どもには認識できなかったのです。「大人だってはじめは子どもだったんだ」ということを知ったのは、ずっと後になってからです。両親の子ども時代の写真などもなかった頃ですので、いちばん身近な大人である父母にも幼い頃があったなどとは俄《にわ》かには信じられなかったのですが……。「子ども時代」の途方もない喜びや悲しみや苦しみを、「あの人たち」も同じように味わってきたのでした。

しかし大人たちときたら、自分たちがまるで子どもだった時がなかったかのようにふるまっているのです。

本書の中でも紹介する『飛ぶ教室』の有名な序文の中で、作者ケストナーは、ある著者から贈られた子どもの本を読みはじめ、「子どもはいつも陽気で、どうしたらよいかわからないくらい幸せなのだ」というその作家の思いこみに激怒し、「どうして大人は自分の若いときのことをすっかり忘れてしまうのだろうか」と嘆き、「子ども時代をけっして忘れないでもらいたい。どうか約束してもらいたい」（丘沢静也訳）といっています。

私は以前、ある集まりで出会った詩人（大人に向けて詩を書いている人）が、私が児童文学を書いているというと、「児童文学？　そんなものはあるんですか？」と怪訝《けげん》そうに問い返したことをよく思い出します（この人は、きっと「子ども」だったことがなかった人か、もしくは「児童」という言葉に大人が子どもを特別視し、差別するようなニュアンスを感じた人でしょう。でもやはり前者だと思います）。この人物はともかくとして、私たちはちょうどリンゴの芯のように、自分の中心部分に「子ども」を持っています（この「リンゴの芯」のたとえは私の独創ではなく、作家のあまんきみこさんがお話の中で使われた表現です）。その核心としての「内なる子ども」は、けっして無知蒙昧な、訓育されるべきものではなく、「子ども性」ともいえる精神の根源的な部分であり、その「子ども性」をどう捉えるかがキイ・ポイントでしょう。

「子ども性」はどう扱われてきたか

人類の歴史の中で、「子ども」は長い間、固有の人権を持った実在としては社会的、文化的に認知されることがありませんでした。「子ども」は大人になる前の未熟な存在であり、ささやかな労働力の手助けにすぎなかったのです。

フィリップ・アリエスは、そのユニークな歴史書『〈子供〉の誕生』の中で、「子どもは実に近代に到るまで『発見』されてこなかった」と述べていますが、その根拠としたのは、中世ヨーロッパの絵画の中で、子どもが「子ども」の特徴を持たない、ただの小さな背丈の大人として描かれているという点でした。これは画家の力量不足ではなく、この世界の中に独自の「子ども性」を持った「子ども」というものは認識されていなかったのでした。

子どもには、かけがえのない「子ども性」があり、「子ども時代」があり、純粋な想像力、驚く力、未知のものを受け入れる力があることに気づき、その前提としてのイノセンス（無垢、純粋さ）に価値を見いだした人びとの中には、近代のイギリス・ロマン派の詩人たちもいました。ワーズワースはその「虹」という詩の中で、「子どもは大人の父である」と表現していますが（「母」としなかったのは、やはり「母」には「産み出すもの」としての圧倒的役割があるからでしょう）。この大胆な逆説は、子どもたちのイノセンスに大人たちが教えられ、育てられることもある、という意味と考えられます。

しかし皮肉なことに、「近代化」とともに子どもたちの自由な「子ども性」は、学校教育や産業社会という新たな枠の中に組みこまれることにもなります。ワーズワースやコールリッジたちはまた、子どもの天性の空想力を「教育の檻《おり》」が奪うことを憂えています。近代日本においても子どもたちは長く「訓育されるべきもの」でした。

過酷な現実の中で未来を切り開く

現在、子どもたちを取りまくコミュニティを振り返ると、今もなお子どもの置かれている状況には厳しいものがあります。現実には、子どもたちは経済力を持たず、市民として扱われず、また肉体的にも弱く、社会的にも足場を持たない非力な弱者としての存在を余儀なくされています。大人たちは、子どもたちの「生殺与奪」の権利を握っているといってもオーバーではありません。両親や教師、周囲の大人たちは、子どもの目から見ると巨人のように見えるばかりか、大きな権力を持った抑圧者であり、虐待者であることもしばしばです。

また戦争の被害や、災害や事故、家族のトラウマなどによって子どもたちの受ける傷は、大人よりもはるかに深いといえるでしょう（原爆や空襲などによる日本の戦争被害者数の中で、犠牲になった子どもたちの数の統計がまだ明確に示されていないという事実は私に、いまだに「子ども」「子ども期」というものが日本において本質的な意味でネグレクトされていることを思わせます)。

すぐれた保育者である私の友人のMさんは、「児童は、人として尊《たっと》ばれる」という児童憲章の言葉を冷蔵庫に貼っていますが、その言葉を常に想起する必要があるほど、子どもたちの現実は苛酷なものがあります。

でも一方では、子どもは戦争に巻きこまれても、けっして戦火の中でただ逃げまどうような哀れな小さい存在ではなく、主体的に行動し、ある時には大人よりもすぐれた叡智を発揮し、大人たちの行動を冷静に観察し、その愚かさを笑い、むしろ自分たちでその未来を切り開こうとするものでもあることが、戦争を扱った多くのすぐれた児童文学にも描かれています。

また児童文学では、この分野で最も精彩を放つ手法であるファンタジーを使って、人間というものをトータルに捉える(ひとりの人間の生活史の中で、どの瞬間も「その人」であることを表現する、というべきか)試みもなされていて、その印象的な例が『トムは真夜中の庭で』(フィリパ・ピアス)に見られます。詳しくは本書の紹介をご覧いただきますが、現代の少年トムはビクトリア時代の少女ハティの夢の中で、時を超えた体験をします。物語の最後に、現実の世界でトムが抱くハティは、八〇歳を越えた老いた女性でもあり、同時に少女なのです。この二人をつなぐ場所としての「庭」は、私には、少々飛躍しすぎると笑われそうですが、「児童文学」そのもののメタファーにも思われます。

本書の中でご紹介するのは、年代的にはかなり古い作品も含まれていますが、いずれも子どもたちの視点で語られ、多様な大人たちが登場する作品ばかりです。すべてが、子どもと大人をともに描くことのできる「児童文学」という磁場で試みられた、すぐれた実践であり、また「内なる子ども」と、時代や社会の状況の中で現実に生きている「外なる子ども」を発見し、トータルな人間理解につながっていく要素を持ったものだと思います。

まだまだご紹介したい作品がこの数倍もありますが、またの機会にご紹介できればと願っています。『子どものしあわせ』誌連載にあたってたいへんお世話になりお励ましいただいた「日本子どもを守る会」の高柴光男先生、編集委員の先生方、本の泉社の伊藤知代さんに深く感謝いたします。

ともに明日を見る窓　児童文学の中の子どもと大人◆もくじ

7 子どもは空想する　ファンタジーの世界で真実を見つける――

〈表紙・イラスト〉佐々木こづえ

1

子どもは成長する

痛みの経験をバネに

やり切れなさがエンジンだ

北畠八穂『破れ穴から出発だ』を中心に

子どもたちに向けて発信されてきた戦後の数多い文学の中で、とりわけすぐれた作品が、現在あまり読まれず、図書館の保存書庫の中に眠っていることが多いのを、私はいつも残念に思っています。ここでは主にそうした作品をテーマとし、そこに描かれた子どもと大人像を中心に、その時代の社会――それはまさに現代の状況とつながっているのですが――との関連を含めてご紹介していこうと思います。

その初めとして、私の敬愛してやまない作家、北畠八穂の作品を取り上げることにします。八穂は一九〇三（明治三六）年、青森県に生まれ、七八歳で亡くなるまで、その生涯の大半はカリエスのために歩行が困難な状態でした。そうした闘病の中で、「おどりはねるような文体、奔放な空想力」（『あくたれ童子ポコ』の山室静による解説より）と、小説としての構想力による多くのすぐれた作品を世に送りだしたのでした。その詩のような文体の魅力は、次の『あくたれ童子ポコ』の書き出しだけでおわかりになるでしょう。

うまそうです。夏リンゴを持っています。

ポコ少年です。目をぱちくりしています。

リンゴが、ふってきたからです。

「ぼろくそ地球め！」

ポコは、地球にあくたれたのです。


八穂の作品には、すべて苛酷な状況にある子どもたちへの限りない慰藉が込められています。ポコの父親は樺太《からふと》に徴兵されたまま戻らず、母親は失踪して生死不明。「ばっちゃ」と従兄の「あんちゃ」と三人で暮らす子どもです。そのポコの「生きにくさ」を励ましてくれるのが担任のチョン先生です。「かなしい、つらい〈時〉のなかほど、上等ででかい宝のもとが、かくれんぼしているのだ」というチョン先生は、チョン、チョンと移り変わっていく「時」を大事にしようというのが口癖なのでこんなあだ名がついたのですが、その先生のおかげでポコは「生きなおす」リズムを刻んでいくことができたのでした。この「生の哲学」ともいえる考えは、八穂のすべての作品に通奏低音のように流れています。

『ジロウ・ブーチン日記』では、両親と長兄を戦災で亡くした兄妹を、不思議な旅人ウミスズメがなんともすてきな言葉で慰めます。

おとうさまとおかあさまとにいさんは、いまはなんにでもなれるのですよ。ヤギにでも、かわいいブタのお子ちゃんにもね。草の葉や実になっていることもあるし、ぼたん雪になってふることもね。(『ジロウ・ブーチン日記』より)

この作品でも「心の化学変化」という八穂のテーマのリフレインを見ることができます。

また雑誌『銀河』創刊号に掲載された短編『十二歳の半年』は終戦の翌年に書かれていますが、東京大空襲で母と妹を失い、父はすでに戦死し、自分も大火傷を負って入院している少年、樹郎に、医師のカッパ先生は露のしたたる青リンゴをくれ、カッパ踊りをおどり、「千年生きた目一つ」の話をしてくれます(後にこの物語は独立した作品となります)。そこですでに「ひと息ごとに生きものはすっかりべつのものになる」というテーマが語られます。

そして、今回ご紹介する長編『破れ穴から出発だ』(一九六三年、講談社)では、その「生きなおしかた」がもっと具体的に描かれることとなります。作品が発表された一九六三年は、東海道新幹線開通の前年、また東京オリンピックの前年でもありました。華やかに見える高度成長期の蔭に生きる多くの恵まれない子どもたちに、八穂らしい励ましのエールを渾身の力をこめて送った作品なのです。

吾郎《ごろう》は野菜のかつぎ売りをする「おばあ」と藤沢の田舎で二人暮らしをしている、生きのいい、でも心に鬱屈するものがあり、暴れだすと止まらない男の子です。両親と妹、弟は函館に住んでいて、生活が苦しいため吾郎だけがおばあと暮らしています。借金の返済のために定時制高校の教師を退職した父は、失業したまま酒浸りになっており、母は苦労を重ねたため人間らしい感情を失い、「冷凍魚」のような女性になっています。

吾郎は「悪たれ」ながら、いつも「知恵遅れ」の友だち武をかばい、味方になってあげる優しさも持っています。親切な「本家のむこさん」は、吾郎の父を「アリョーシャのような人間」と評価し（いきなりドストエフスキーが出てくるのはいかにも八穂らしい）、外資系の会社に紹介してくれます。父と母は弟妹を連れて函館からやってきますが、両親の姿と振る舞いは、吾郎の目にはなんとも不甲斐ない、たよりない、どうしようもない大人として映るのでした。また父には「癲癇《てんかん》」の持病があり、そのためせっかく得た勤め先も失ってしまいます。

しかし、「本家のむこさん」は、自分の農園や温室で吾郎が働くことをすすめてくれます。そして「生きてるものは一秒ごとにちがっていく」というのでした。この「むこさん」や、「やりきれなさだって、ゴロをうごかすガソリンになったんだな」と吾郎をはげましてくれる「おばあ」は、『ジロウ・ブーチン日記』の旅人ウミスズメや、『あくたれ童子ポコ』のチョン先生のようなすばらしい大人たちなのです。

吾郎は、ほかの少年たちに「てんかんの子」といやがらせを受け、金を巻き上げようとするいじめにも会います。まるで「氷の上に立っているようだ」と感じる吾郎ですが、「むこさん」は、「氷の上に居座っちゃえ」とすすめます。そして「氷の上にいる少年は平地にいる少年よりもいろんなことがわかる。注意力もそなわる。ひとりでに財産が増えてくる」と励ますのでした。

それによって吾郎の中には、いままで不信と批判の眼でしか見ていなかった両親をいたわる心が生まれます。

人生……それは常に薄氷の上に震えながら立つことかもしれません。特に辛いものの重さを背負って立つ時には、足許の氷を踏み抜いてしまうかもしれません。でも吾郎は、そんな時でも「やんぶれ穴にへつくばってるこたあない。つねにつねに出発だ」と、遠くの学校へ行く武に心の電波でメッセージを送るのでした。

現代の子どもたちが感じている「生きにくさ」「やりきれなさ」も吾郎の時代とあまり変わらないでしょう。ふたたび子どもらしい「生きのよさ」で氷上の破れ穴からも出発し、重荷を背負ったままでも、軽やかに未来へ向かって滑り出すためには、生きなおし、生き抜いてきた真の大人たちの励ましが必要なのだと思うのです。

八穂自身、病臥の間に、かつてその代作までして支えた夫の深田久弥（彼の代表作『津軽の野づら』は八穂の筆による）が愛人を作るという「これ以上ひどいことがあろうか」と思われる人生から、ひとりの作家として「生きなおっていく」体験が、このように深い慰めと励ましに満ちた作品群を生んだのだと私には思われます。

北畠八穂

心に残る「歯型」をバネにして

丘　修三『ぼくのお姉さん』を中心に

「ぼくのお姉さんは障害者です」

児童文学に関わってきて本当によかった……と思うのは、児童文学でなければ書けないすぐれた作品に出会った時です。児童文学の持つ普遍的なテーマが、時を超えて読者に出会うことのできる秘密なのでしょう。私にとって、そのいつまでもみずみずしさと重要性を失わない作品の一つが丘修三さんの短編集『ぼくのお姉さん』（一九八六年、偕成社）です。

今までこの本を何十回読んだかわからないほどなのですが、そのたびに（人間ってやっぱりいいなあ！　明日もがんばって生きてみよう！）というような思いが湧き上がってくるのです。

でも、それは優しい心あたたまる物語であるからだけではありません。むしろ、とりわけ厳しい現実がここには書きこまれています。これらの作品の主人公は「障害者」と呼ばれる子どもたちであり、また「障害者」を姉や兄、友人に持つ子どもたちなのですから。

表題作の「ぼくのお姉さん」は、一七歳でダウン症のお姉ちゃんを持つ、小学校五年生の「ぼく」

の話です。福祉作業所に通いはじめたお姉ちゃんは、ある朝、家族に「えとあんく」と言います。それが「レストランへいく」だとようやくわかった皆は、その日の夕方、レストランで夕食をします。お姉ちゃんは作業所のはじめての給料で、家族にご馳走してくれようとしたのでした。でも給料袋の中にはたった三〇〇〇円。お父さんはその一〇〇〇円札をこっそり一万円札に取り替え、それを知らないお姉ちゃんは意気ようようとレジで食事代を支払います。

チビでブスでデブの三拍子がそろい、その上バカなお姉ちゃんを、友達にもからかわれ、自分でも疎ましく思っていた「ぼく」ですが、その日、なかなか書けなかった宿題の作文を「ぼくのお姉さんは障害者です」と書きはじめます。家族にご馳走しようというお姉ちゃんの温かい気持ち、さりげなくお札を入れ替えるお父さんの行動が、ぼくを変化させたのです（それにしても、作業所のあまりの薄給には驚きます。現在はどの程度の賃金が支払われているのでしょうか？）。

おれたちがしっかりしなくちゃ

「歯型」は、よっぱらいのような奇妙な歩き方で（作者は「オオワシのおどりのような」と印象的な表現をしています）養護学校から帰ってくる男の子を、待ち伏せして足をひっかけ、転ばせる少年たちのひとり、「ぼく」の視点で描かれます。その子は、しげるの足にかみつき、ふくらはぎに紫色の歯型が残ります。大人たちの追及に、少年たちはいじめの事実を隠そうとしますが、その子は文字板を使って「うそ」と訴え、胸をこぶしで打ちながらごうごうと泣くのでした。「ぼく」の心に、その子の歯型がくっきりと残ります。

「あざ」は、重い知恵遅れの久枝のところへ遊びにくる近所の公子が、久枝の身体にあざを作るほどのいじめを行う話ですが、その公子は一方では久枝のがまんづよさ、良い耳や良い目を描いた紙芝居を作ろうとしています。子どもの心の、二面性とも見える複雑さをよく描いています。

「首かざり」は、朗という少年が遠足や修学旅行の時、お土産に女の子の指輪や首飾りばかり買うのを、クラスの子どもたちにからかわれているのですが、実は近くに住む脳性マヒの久美ちゃんを喜ばせるための贈り物だったことが、朗の引っ越した後でわかります。「コオロギ」は、「ぼく」の家の近くの空き地が火事になったのを、養護学校に通う智くんの火いたずらのせいだと近所の人たちも「ぼく」の両親も思ったのですが、実は妹の洋子が張本人だったことがわかります。「智くんのせいにすればいい」という父親に「うそつき！」と反発するぼく。子どもの持つ正義感と、大人の偏見への怒りがあらわされます。そして最後の物語「ワシントンポスト・マーチ」の主人公は、養護学校の六年生で、口がきけず、よだれが出るのでいつもタオルをくわえている美雪と、脳性マヒで緊張の強いぼく。美雪はお兄さんの、ぼくはお姉さんの結婚式を楽しみにしていたのですが、「障害者」であるため美雪は式に出られず、ぼくの家にも松田のおばさんが来て、「親戚じゅうの恥だから出ないでほしい」というのでした。でも、ぼくは美雪に「おれたちがしっかりしなくちゃだめなんだぞー」と心の中で叫び、マーチを歌うのです。

「ぼくのお姉さん」のお父さんのような大人もいれば、松田のおばさんのような「障害児」を親戚の恥と言ってはばからない大人もいる……それがこの世の中なのですが、「歯型」のぼくのように、また「ワシントンポスト・マーチ」のぼくのように、自分の心を見つめ、「痛み」の体験をバネにして生きることが大切なのでしょう（『ぼくのお姉さん』の解説の中で、砂田弘さんもそのように述べておられます）。そして『ぼくのお姉さん』全編は、読者の心にも「歯型」を残してくれます。

「口で歩く」タチバナ青年

また丘さんの印象深い作品『口で歩く』では、手足の自由がきかず、ストレッチャーに横たわったまま移動させてもらうしかない青年タチバナさんが、多くの人と出会い「歩いていく」様子が描かれます。「あんたみたいな体の不自由な人は……」と新興宗教をしつこくすすめるおばさん、話し相手になってほしい老人、そして「その体でひとりで出かけるなんて非常識だ……おれたちの税金で食わしてもらってるんだから」とグダグダ言うおやじさん。でも親切なおばあさん「ヒマワリの君」にも出会い、最後に学校へ行かず図書館で虫の勉強をしている男の子にも出会い、タチバナさんは人びとの温かいつながりを感じるのです。

丘さんのすべての文章にはユーモアとゆとりが感じられ、それも大きな魅力となっています。

世の中、ちょっとおかしいぞ

丘修三さんは一九四一年に鹿児島県で生まれました。本名を渋江孝夫さんと言い、都立立川養護学校の教諭を長くつとめられた障がい児教育の専門家です。病を得て退職され、同時に児童文学のペンを取られて、たちまち多くの賞を受けられました。『ぼくのじんせい』、『少年の日々』、『たんぽぽ』、『福の神になった少年』、『ワンピース戦争』、『もう、なかない』、長編『けやきの森の物語』、戦争を描いた『夏の記憶』など、その他にも多くの本を出されています。ペンネームの由来は「世の中、ちょっとおかしいぞ」という意味だと伺いました。

養護学校時代に担当された多くの子どもたち（その中には、『ぼくのじんせい』のあとがきで触れられているように、あまりにも早く天国へ旅立った子どもたちも多く含まれます）、その笑顔が、丘さんの創作の原点にあります。

丘さんの作品は、韓国、中国、台湾でも翻訳されて多くの読者を持っています。私は以前、韓国で「アジア児童文学大会」が開催された時、ソウルの大きな書店「教保文庫」に丘さんをご案内したことがありましたが、丘さんの本が平積みにされているのを見て、嬉しく思ったことでした。

そして現在、透析の治療を受けられながら、二〇一六年まで「日本児童文学者協会」の理事長をつとめられ、「子どもの本・九条の会」にも精力的に関わっておられます。そのかたわら、野良猫のマリアと五匹の子どもたちが主人公の大作シリーズ『生きる』を書き続けられています。また丘さんはすぐれた画家でもあり、ときどき個展を開かれては私たちを楽しませてくださいます。今も丘さん描く美しい桃の絵や風景画が私の机上に飾られていて、そこからも丘修三文学の温かさが伝わってくるようです。

かけがえのない自分を発見する

山中　恒『ぼくがぼくであること』を中心に

あんたがいちばんだめなのよ！

子どもがどんなに自分らしく伸びやかに生きたいと願っても、現実には大人との関係の中でその思いや行動は抑えられています。とりわけ親は、経済的にも心理的にも子どもの生活を牛耳《ぎゅうじ》っています。また、親の子どもへの期待が大きいほど、子どもの感じるプレッシャーは重圧の度合いを増すでしょう。

『ぼくがぼくであること』は一九六〇年代の作品で、主人公の兄たちの学生運動や戦中の出来事を重く引きずった人など、その頃の状況を反映した部分も多いのですが、子どもと親との確執は今も変わらず、子ども自身の抱える鬱屈も変わらないことで、現在もそのテーマは古くなっていません。また「児童文学者」ではなく「児童読み物作家」と名乗る山中恒さんの、物語作りの面白さ、母親をはじめ登場人物のパンチが効いたラディカルさは、読者を引きこむ魅力となっています。またここには、児童文学ではあまり見られない本当の「悪人」といえる人物が登場するのも注目されるところです。

平田秀一。とても立派な名前を持った主人公は六年生。秀一はいつも家に戻りたくない、できたら蒸発してしまいたいと考えています。「兄弟じゅうであんたがいちばんだめなのよ!」と秀一を叱ってばかりいる母親。そして秀一の学校でのいたずらを逐一、母に密告する四年生の妹マユミ。平田家にはほかに兄が二人と姉がひとり、「入り婿」の父は母に頭が上がらず、完全に主導権を奪われて口出しできません。

授業中に鼻くそと垢をこねあわせたものをパチンコの玉として担任の先生を撃ったり、悪い成績のテストを古新聞の中に隠したり、そんな秀一の行動も母にばれてしまいます。「どなることしか知らないイキモノ」とまで秀一が思うこの母親像は、いささか戯画的ではありますがインパクトを持って描かれています。

家出、そして出会い

ついにインスタント家出を企てた秀一は、公園の隣りのベンチで寝ていた若い男の小型トラックの荷台にもぐりこみ、そのまま眠りこんでしまいます。そして、山道を登っていくトラックの上で目を覚ました時、秀一は大変な事件に遭遇します。トラックは自転車に乗った人を轢き殺し、運転していた男はガードレールに引っかかったその人の身体を谷に突き落とします。秀一はその目撃者となったのでした。トラックが停車した時に逃げだした秀一は、山中のわらぶき屋根の家に泊めてもらうことにします。その家には、夏代という少女と祖父の老人が二人で暮らしていました。

祖父の桑畑を手伝っている、同じ六年生なのに大人っぽい少女夏代と、秀一はこうして出会います。あの山中での轢き逃げの犯人は、夏代のいとこで正直という人物でした。正直は地主の息子で、土地の問題でいろいろ騒ぎを起こしている上に、夏代が風呂に入っているところをのぞいたりする人物として描かれています。山に埋められているという武田信玄の「埋蔵金」の話や、虫垂炎になった夏代を秀一が看病したり、というエピソードも語られます。秀一は夏代の祖父に、母親に感じている反発を打ち明けます。すると老人は自分のことを語りだすのでした。

老人は、自分は二回も人を殺したと告白します。一回は、かくまってくれと頼んできた朝鮮人を見殺しにしたこと、そして戦中に脱走して土蔵に隠れた兵隊を突き出し、その兵隊がリンチで殺されるきっかけをつくったこと。それは夏代の父母の話にもつながっていくのですが、こうした戦争にまつわる記憶が語られているのも作者らしいところです。

おれがおれであることをわかってほしい

秀一は夏代と祖父に別れを告げて家に戻りますが、母は彼を殴りつけ、「死にたい！」と泣き叫びます。そんな母を秀一は「かわいそうな、あわれなイキモノ」だと思います。正直が秀一のあとをつけてきたり、また秀一が夏代に出した手紙のことでマユミや母と一悶着あったり、物語はスリルに満ちて展開します。長男の良一は学生運動のために逮捕され、やっと釈放されますが、母親に向かって「おかあさんのように人を愛することもしないで、自分のめさきのちっぽけな安楽のためにだけ、子どもを大学にやり、一流会社に入れて、なにごともなくぶじにすごしたいという大人たちが、この不正でくさりきった社会を作ってしまったんだよ。その責任はおかあさんにもある！」と批判します。子どもたちから反抗を受け、取り乱した母親は、不始末で火事を出してしまいます。でも秀一は母親に「おれがおれであることをわかってもらおう」と思うのでした。

秀一は、家出して夏代と祖父に出会い、また自分の家庭の外に身を置くことによって、初めて自分自身について、また親や兄妹について客観的に考えられるようになります。「他者との出会い」がここでも重要な意味をもちます。自分が自分であることに気づくのは、子どもにとって厳しい現実ではありますが、また人間としての自立の第一歩でもあるでしょう。

労作「ボクラ少国民」シリーズも

山中恒さんは一九三一年、小樽市に生まれました。古田足日、鳥越信さんたちとの同人誌「小さい仲間」に連載した長編『赤毛のポチ』は一九五六年に児童文学者協会新人賞を受け、『とべたら本こ』（理論社）や『サムライの子』（講談社）とともに六〇年に理論社より刊行されています。

『赤毛のポチ』は、炭坑街の長屋が舞台。飲んだくれの父親と日雇いの仕事をしている母親を持つカッコという少女の視点から語られ、貧困という圧倒的な現実に向きあいながら生きていく子どもの姿をていねいに描き、戦後児童文学の代表的な作品となりました。

『とべたら本こ』は、カズオというひとりの少年が吉川家、山田家、高橋家という三つの家を遍歴して暮らすという設定で、苛酷な現実に巻きこまれながらも柔軟に対処していくカズオの、これまたすごい物語です。

『ぼくがぼくであること』は六九年に実業之日本社より刊行されました（現在は岩波少年文庫、角川文庫に収められています）。またＮＨＫでもドラマ化されています。

こうしてさまざまな状況の中に投げ出され、翻弄されながらも生き抜いていく子どもたちを描き続けてきた山中さんの作品は、「転校生」のタイトルで映画化された『おれがあいつであいつがおれで』や『とんでろじいちゃん』などたくさんありますが、それとともに膨大な資料を駆使して書かれた「ボクラ少国民」シリーズ（辺境社）など、戦時下の児童文化を鋭く告発する労作を世に送られています。また『新聞は戦争を美化せよ！』（小学館）は国家情報機構の戦時中の実態について、未公開の資料をもとに書かれた一〇〇〇ページ近い大作で、これも「少国民シリーズ」とともに、この現在の状況の中でぜひ読まれてほしいものです。最近も『靖国の子』（大月書店）を出されたばかりの山中さんが、これからもお元気で活躍されることを祈らずにはいられません。

人の優しさを発見していく

高史明《コサミョン》『生きることの意味』を中心に

在日の人びととの新たな生きにくさ

先日、四谷で『始作折半《シジャクチョルバン》』という本の出版記念会に出席しました。始作折半というのは、「何事も、始めることがすでに折り返し地点に到達したようなもの」という意味の言葉で、長く日本と朝鮮、そして在日の文化をつなぐ役割を果たしてきたミニコミ紙「くじゃく亭通信」と「青丘通信」を合本したものの出版でした。そこで私は久しぶりに、白髯《はくぜん》の優しいハラボジ（おじいさん）になられた作家の高史明《コサミョン》さんにお会いしました。そして帰ってからこれも久しぶりに『生きることの意味』を読み返したのでした。

一九七四年に「ちくま少年図書館」の一冊として刊行されたこの本は、翌年の日本児童文学者協会賞を受けています。しかしその年、高さんと岡百合子さんご夫妻のひとり息子の岡真史君が一二歳で自死し、残された詩を夫妻が編んだ『ぼくは十二歳』が一九七六年に出され、大きな反響を呼ぶことになったのでした。『生きることの意味』を書かれた直後に最愛の真史君を失われた高史明さんのはかり知れない悲しみを思うとともに、六〇年代、七〇年代の日本社会に見られた、在日への無知と無関心を思わずにはいられません。

そして今、この二〇一〇年代に入ってからも、ヘイトスピーチにあらわされているような排外主義・人種主義的な傾向はひろがっており、在日の人びとは新たな生きにくさに直面しています。前述の出版記念会でも、在日の文化を支えてきた方々のスピーチで、異口同音にその生きにくさが語られました。

過去において、なぜ在日の人びとが苦しまねばならなかったか、それを知るためには私たちは真実の歴史に向き合わねばなりません。若い世代に向けて多くの本が書かれていますが、『生きることの意味』ほど、わかりやすく読みやすい、そして実感のこもった表現で伝えてくれている本は今も少ないのではないでしょうか。

どうしたら仲良く暮らしていけるか

著者は朝鮮人の日本への渡来の原因を大きく二つに分けています。ひとつは日韓併合による「土地調査事業」で、耕してきた土地を奪われた農民たちが流民として移住してきたこと、もう一つは戦争であり、戦争が安い朝鮮人の労働力を必要としたからでした。

そして言語が奪われ、「創氏改名」によって姓名まで奪われるという、朝鮮と日本との関係が最も不幸な形となっていた時代に幼少期を送った著者は、その時の自分の姿を振り返ることによって、朝鮮人と日本人がほんとうに仲良く助けあっていける道をたしかなものにしたいと考えるのです。

朝鮮から日本に渡ってきた両親。しかし母親は病気で亡くなり、父親と二人の兄弟と天三《チョンサム》（高史明はペンネームで、本名は金天三）は下関市の彦島にあった朝鮮人部落のハモニカ長屋と呼ばれる窓のない長屋に住みます。父は石炭置き場で石炭仲仕として働いていました。幼い日、熱湯を浴びて大やけどを負った天三は、親切な日本人の電灯会社のおじさんと、父親の温かい介護で助かります。新しい母親を迎えたものの、生まれた弟は劣悪な長屋の環境の中でネズミに噛み殺されてしまい、継母は家を出ていきます。子どもたちはふたたび、父親の手一つで育てられることになるのでした。

頑迷で偏屈な父親のようすが、ユーモアを交えて描かれます。でもそれが、朝鮮人の誇りを持って人間らしく生きようとした父親の姿勢のあらわれだったと気づくのは、ずっと後のことでした。

深い裂け目や衝突の中から

そして天三は小学校に入学。「きのしたたけお」という名札をつけられます。家では朝鮮語を使う父と、日本語だけを身につけた子どもたちとの間に気持ちが伝わらず、おたがいのさびしさは衝突します。「死んでやる!」と家を飛びだして、兄に止められたこともありました。貧乏な生活もすべて「朝鮮人」につながるような気がし、そうした心の屈折はしだいに天三を乱暴者にしていきます。そして父と子のあいだの深い裂け目と衝突。

でもそれを乗り越える時、新しい力がもたらされるのですが、天三がそれに気づくのも、やはり大人になってからでした。

子どもたちを置いたまま、ばくちに熱中する父親。子どもたちを連れて朝鮮へ墓参りに行ったりしますが、故国にも居場所がなく帰ってきてしまいます。そんなある夜、天三が目覚めると、父は子どもたちの頬をなでた後、コードを首に巻きつけて自殺をはかるのでした。でも、子どもたちが抱きついたためにコードの止めが吹っ飛び、父の自殺は失敗します。その涙と喜び。その体験から、生きようとする力のもとは喜びなのだと天三は感じるのです。

さまざまな出来事にぶつかり、そこから人間の優しさを発見していくことになる天三は、空想好きな少年に育っていき、また自分が朝鮮人だという自覚にも目覚めていきます。参観日に汚れたシャツ姿のまま、教室の窓からのぞいている父。その父の後ろ姿に、朝鮮の父親の悲しみを天三は見ていました。そして「ニンニクくさい」と言いつのるM君に暴力をふるってしまう自分。暴力の奴隷となった自分の姿、その衝突の原因は朝鮮と日本の歪んだ関係にあったと、後になって天三は感じます。

向学心に富み、進学を望んでいた兄に、父は「朝鮮人は勉強なんかしなくていい」といいます。小学校の先生は、高等小学校の学費が免除になるようにしてくれ、新しい教科書も届きますが、父はそれを焼いてしまいます。あまりに屈折した父の姿……。兄は家を出て、尾道の造船所で働くことになるのでした。でも最終的にはこのとてつもない頑固者の父の中に、著者は優しさを発見していくのです。

阪井石三先生との出会い

天三が五年生になった時、新しく担任となったのが阪井石三先生でした。先生はいきなり天三を「木下」でなく「きんてんさん」と呼び、「キムチョンサム」ではなかったので自分の名ではないと思って返事をしなかった天三を叱りつけて立たせます。

このいささか乱暴な衝突が阪井先生との出会いでした。天三はしだいに先生のほんとうの気持ちを感じていきます。先生には朝鮮人を貧乏だからと軽蔑する気持ちがまったくないのでした。掃除当番をわざとなまけて、講堂に座らされた天三ですが、先生も暗くなるまで残っていたのです。「おれが悪かった」という天三に「先生はうれしいぞ」と涙を浮かべる先生。でもその阪井先生も亡くなり、時代は戦争へと突入していきます。高等小学校時代の学徒動員の日々、朝鮮人だというだけでつらく当たったり、殴ったりする教師もいました。しかし底知れぬ穴のようにすべてを吸いこんでいった戦争も終わり、暴力的な教師たちは天三の前から逃げるように去っていきます。

天三の「生きることの意味」の探求は続きます。

そして父親の優しさ、阪井先生の優しさを発見したのは、この探求のおかげだったのでした。

この本は「現代日本史を照らしだす一つの光源ともなっている」と鶴見俊輔さんは解説で述べています。著者がその後あまりの悲しみに打ち砕かれる体験をされたことは前述のとおりですが、『ぼくは十二歳』に収められた真史君のみずみずしい詩は今も若い人びとの心に届き、また岡百合子・高史明さんが新編につけられた若い読者との往復書簡は、何度読んでも心打たれるものです。

ぼく、ずいぶん大きくなったみたいだ！

マゴリアン『おやすみなさいトムさん』を中心に

村に学童疎開の子どもたちが

第二次世界大戦中のイギリスの小さな村。がっちりした体格の白髪の男と、顔色の青白い、やせた少年が村の道を歩いています。そして二人の足もとを跳びまわる小さなコリー犬。ミシェル・マゴリアンの『おやすみなさいトムさん』（中村妙子訳、一九九一年、評論社）を思い出すたびに目に浮かぶイメージです。一見、のどかな田園風景の中の祖父と孫のようですが、九歳の少年ウィリアム（物語の前半ではややぞんざいにウィリーと呼ばれていますが、ここではウィルという呼称に統一します）は、大都市ロンドンの空襲を逃れてこのリトル・ウィアウォルド村にやってきた疎開児童で、老人のトムは子どもたちを受け入れた村人のひとりなのでした。

学童疎開の物語は、日本でも『谷間の底から』（柴田道子）や『ボクちゃんの戦場』（奥田継夫）、『かげろうの村』（谷真介）、『ゲンのいた谷』（長崎源之助）、『夜のかげぼうし』（宮川ひろ）などがあり、イギリスでも『帰ってきたキャリー』（ニーナ・ボーデン）などのすぐれた作品があります。『ナルニア国物語』（C・S・ルイス）も子どもたちの疎開した先での出来事でした。でも、イギリスの学童疎開の物語は、日本とやや異なる位相を持っています。長谷川潮さんの指摘によるとそのひとつの違いは、日本では集団疎開だったのに対してイギリスでは個人疎開だったことであり、もう一つは児童文学の伝統の違いにあります。集団の中での子どもたちの行動を重視する日本作品にくらべて、村といったコミュニティの中に個人で入りこむことによって、その子どもが、そして周囲の人びとがどう変わっていくかを描くのがイギリス作品だといえるでしょう。

実の母親による虐待

でも、この物語はそうしたイギリス的伝統を踏まえながら、ほかの作品にない厳しいシチュエーションを持っています。それはウィルと母親との関係です。疎開に出される前に、ウィルは実の母親からまったく虐待にひとしい折檻を日常的に加えられ、心理的な圧迫を受けていたため、すっかり萎縮し、自分を「悪い子」だと思いこんでいる子どもになっていたのでした。母親から受けた暴行のために脚は傷だらけ、栄養失調でやせ細り、笑うことを忘れたようなウィル。母親のそうした行為の裏には、戦時下の痛ましい体験があるのでしょうが、それは明らかにされていません。また、この「いじけた」男の子をあずかることになるトムも、妻と赤ん坊を亡くした辛い過去を持つ、頑固で人間嫌いの老人です。

この傷ついた大人と子どもが、どのように変化していくかというテーマは、児童文学の典型的なパターンかもしれません。しかしその構造の上に、作者は多彩な人間描写と起伏のあるストーリーによって、読者が思わず引きこまれる物語世界を展開しています。

ウィルの才能が開花する

この小さな村も、戦時体制のもとで灯火管制のために窓には暗幕を張り、ガスマスクの携行も義務づけられ、庭には防空壕を掘らねばなりません。そして、村人たちとのつきあいを絶ち、村の行事にも顔を出さなかった偏屈なトムも、「国民的義務」としてしぶしぶ疎開児童を受け入れたのでした。

でも、無骨でぶっきらぼうながら、トムはウィルにこまやかな愛情を持って接します。村人たちも子どもたちを受け入れ、ウィルの誕生日には心をこめたプレゼントが届けられます。そして村の子どもたち！　朴訥《ぼくとつ》で優しいジョージや、活発なキャリーとジニーの双子姉妹、ウィルを大好きになる小さなルーシー、ウィルのように疎開でやってきたユダヤ人の少年ザックなど、一人ひとりが個性を持って生き生きと描かれています。

特にザックは、積極的に周囲に溶けこんでいく、ウィルと正反対の性格の少年ですが、そのザックが自分を気に入ってくれたと知って、自分のような子は誰にも好かれないと思いこんでいたウィルは驚きます。

また村の大人たちも印象的です。ウィルの体力を回復するために努力する医師のリトル夫妻、優しく魅力にあふれた小学校教師ミセス・ハートリッジ。でも、愛国主義者で村人たちに防災意識をやかましくいうラドルスや、疎開学童をこき使う農園の主人などの人物像も描かれます。

そうしたコミュニティの中で、トムと一緒に暮らすうちに、ウィルは毎日悩まされていた夜尿症も治り、苦手だった読み書きもできるようになり、体力と自信をつけていきます。そして絵を描く力が発揮され、また思いがけず「演技」の才能があることもわかるのでした。

そして、トムもまた劇的に変化します。ジョンの母親のミセス・フレッチャーは、トムの気難しさや厳しさが減って柔和な感じになったこと、老人の内にあった何ともいえない優しさが、ウィルと一緒に暮らすようになったきっかけで外にあらわれ、その美点を村人たちが発見できるようになったと感じるのでした。

大きな悲しみをこえて

物語は後半に向けてシビアな展開となります。ウィルの母親から、病気なので帰ってきてほしいという手紙が届き、ウィルはトムとの辛い別れを経てロンドンへ戻ります。しかし、久しぶりに会った母親の対応はまるで悪夢のようでした。母親は息子の成長ぶりを見ようとせず、ユダヤ人の友達ザックのことを話すと彼を殴ります。そして連れていかれた母親の住居には、口をテープで貼られた赤ちゃんが放置されていました。

この母親は、やはり「戦争」によって人格が破壊された気の毒な人なのでしょう。

ウィルから便りがないことを心配したトムは、ロンドンへ出かけてウィルを奪還しようという計画を立て、悪戦苦闘の末、ウィルを村へ再び連れ戻します。その後もウィルの母親の自殺や、重傷を負った父親に会うためロンドンに戻ったザックが大空襲に遭って死んでしまうという大きな悲しみが続きますが、その中でトムはウィルを養子にすることを決めます。ザックの死を受け入れられるようになったウィルがトムに「父さん、ぼく、ずいぶん大きくなったみたいだ！」と語りかけるラストはとても感動的です。

戦後世代による「戦争児童文学」

卓抜な文章力で戦時下の村の暮らしと多彩な人物像を描き、豊かなストーリー性を備えたこの作品は、一九八一年に出され、イギリスの優れた児童文学に贈られるガーディアン賞を受けました。作者のミシェル・マゴリアンは一九四七年にポーツマスに生まれています。演劇を専攻し、女優の道を目指していた作者の体験は、この物語の中でウィルが演劇の才能に目覚める場面に生かされています。

戦後生まれの作者といえば、日本でも浅田次郎が『終わらざる夏』の中で学童疎開を描いています。戦中世代の、体験を踏まえた作品は貴重ですが、これからは想像力による新しい世代の作品が模索されることになるでしょう。『おやすみなさいトムさん』はそのためにも参考になる優れた物語です。

＊参考・『世界の子どもの本から「核と戦争」がみえる』（長谷川潮・きどのりこ共著、梨の木舎）

2

子どもは大人を信頼できるか

家族・学校を舞台にして

子どもの涙は大人の涙より重い

ケストナー『飛ぶ教室』を中心に

「児童文学の中の子どもと大人」について考えてみようと思った時、まず浮かんだのはケストナーの作品、とりわけ『飛ぶ教室』でした。あまりの古典的名作であり、またドイツのギムナジウム（九年制の中高等学校）を舞台としているため、日本では馴染みにくい部分もありますが……。この物語を何度読み直したかわからない私も、読むたびに、もう「まえがき」の部分から（すばらしい「まえがき」が二つもついています！）感動してしまうのです。

よく知られた「子どもの涙」についての言葉は、この「まえがき」にあります。正確には「子どもの涙は大人の涙より小さいなんてことは絶対にない。ずっと重いことだってよくある」（丘沢静也訳）と作者は言い、その例として、主人公のひとりとして登場するヨナタン・トロッツ（ヨーニー）の身の上を語ります。ヨーニーの父母は仲が悪く、母親は家から去り、父親は四歳だったヨーニーの首に財布と名札をぶらさげ、ハンブルグまでの船に乗せたまま行方をくらましました。迎えにくるはずの祖父母はもう亡くなっていて、父親は子どもをうまく厄介払いしたのです。その船の船長の妹にヨーニーは預けられ、一〇歳の時にこの学校の寄宿舎に入れられたのでした。四歳の時に受けた悲しみは、一生忘れられないものです。

物語では、ギムナジウム五年生（中学三年生ぐらい）の生徒たちが主役です。皆はクリスマス劇の練習をしていますが、脚本を書いたのはヨーニーで、そのタイトルが「飛ぶ教室」なのです。というとヨーニーがケストナーの子ども時代かと思われますが、作者自身の子ども時代はむしろマルチンという、クラスで一番の成績で画才にも恵まれながら、家庭の貧困という辛い事情を抱えている少年に投影されています。

また、生徒たちに絶大な信頼を寄せられている教師、「正義先生」と呼ばれるベク先生が、自分の少年時代、病気の母親を看病するために無断で寄宿舎を抜け出したエピソードが出てきますが、これは少年時代のケストナーの実体験だったことが、自伝『わたしが子どもだったころ』を読むとわかるのです。

「正義先生」と「禁煙さん」

少年たちの引き起こすさまざまな事件、特に身体の大きいマチアスと、小さな金髪のウリーの友情や、実業学校の生徒たちとの真剣な雪合戦。またクリスマス劇「飛ぶ教室」を練習するありさまなど、物語は魅力的に展開します。また、ウリーが紙くず籠に入れられて教室の天井に吊り下げられたり、臆病といわれないために校庭の鉄棒用はしごから傘をひろげて飛び降りる、といった事件は、ユーモアあふれる筆致とともに、読者に忘れられない印象を残します。

でも、何といってもすばらしいのは、「正義先生」と「禁煙さん」という二人の大人であり、その出会い（というか、かつての親友同士だった二人の再会）を、子どもたちが準備することなのです！

子どもたちは、寄宿舎の舎監でもある「正義先生」が大好きで、尊敬しています。もう一人の「禁煙さん」は、市民菜園の中の、廃車になった禁煙車両に住んでいる男の人です。「禁煙さん」は、夜に町の料理店でピアノを弾いて暮らしを立てていますが、皆はこの人物が「正義先生」と同じぐらい好きでした。この二人は昔、友達だったにちがいない、と子どもたちは直観します。そのとおり、「禁煙さん」は子どもの頃、母親の看病で寄宿舎から抜け出したベク少年の身代わりになって監禁室に閉じこめられた親友だったのでした！　この二人の再会を見て、少年たちは大人にもかけがえのない子ども時代があったことを知るのです。

「大切なことを忘れないために」と禁煙さんが言った。「できることなら消えてほしくないこの時にお願いしておく。若いときのことを忘れるな、と。きみたちはまだ子どもなのでお節介に思えるだろう。だが、お節介じゃないんだよ。信じてほしい。私たちは年齢を重ねたが、若いままだ……」（丘沢静也訳）

泣くこと厳禁

そして最も重い涙は、マルチンによって流されます。愛する母親から、帰省のための交通費を送ることができないという手紙が届いたのです。クリスマスの休暇を、親のないヨーニーや怪我のために寝ているウリーとともに、寄宿舎で過ごさねばならないマルチン。
「泣くこと厳禁」と、マルチンは自分に言い聞かせますが、心配する正義先生にとうとう事情を話し、大粒の涙を流すのでした。

途中ですが、高橋健二訳の「泣くこと厳禁」という言葉はぴったりの名訳だと思います。新訳の丘沢静也訳は、原作の凛とした感じが漂うすぐれた訳ですが、やはりワルター・トリヤーの絵がつけられた岩波書店の高橋健二訳が若い人たちに親しみやすいでしょう（ちなみに「泣くこと厳禁」は丘沢訳では「絶対泣いちゃダメだ」となっています）。

そして、正義先生がくれた二〇マルクのおかげでマルチンは帰省でき、クリスマスらしいすてきな物語のラストが用意されます！

正義先生や禁煙さんだけでなく、自分では笑ったことがないのに、皆が笑ってしまうことばかり言うクロイツカム先生や、クリスマスにすばらしいスピーチをしてくれる校長先生。ここでは、いい加減で愚かな大人はひとりもいません。皆、子どもたちが大好きなのです。

『エーミールと探偵たち』に出てくる、子どものお金を盗む悪い「山高帽の紳士」（子どもたちが知恵と行動力でこの泥棒をつかまえる物語はなんと痛快なことでしょう！）や、あまりにも問題ある大人たちとしての『ふたりのロッテ』の両親（この物語ではロッテとルイーゼがこの大人たちに新しい幸せをもたらします）と違って、『飛ぶ教室』の大人たちは、私たちがこうありたいと願う理想の大人たちと言えるでしょう。

ナチズムに抗して

ケストナーは児童文学だけの作家ではなく、大人のための作家でもありました。小説『ファビアン』と児童文学『点子ちゃんとアントン』は同じ年（一九三一年）に書かれています。

そして『飛ぶ教室』が出た一九三三年はヒトラーが政権を掌握した年でした。ケストナーはドイツでの出版を禁止され、焚書の憂き目にも遭いました。以後の出版はほとんどスイスでなされています。ナチスに追われ、ベンヤミンのように自殺した作家もありましたが、ケストナーは執筆を禁じられながらも、子どもの心に寄り添った、ユーモア一杯の楽しい物語を書き続けました。私はケストナーがいつも自分自身に「泣くこと厳禁！」と言い聞かせつつペンをとっていたのではないかと思うのです。

＊文中、人名は高橋訳に統一しましたが、高橋訳では「禁煙先生」となっているのを丘沢訳の「禁煙さん」としました。『飛ぶ教室』はほかに、池田香代子訳（岩波少年文庫）があります。

放浪の旅で子どもと大人が出会う

リンドグレーン『さすらいの孤児ラスムス』を中心に

国民的作家リンドグレーン

『長くつ下のピッピ』シリーズや「やかまし村」のシリーズをはじめ、スウェーデンの国民的作家アストリッド・リンドグレーンの作品は、日本でも愛読されています。最近映画化されて話題になったスウェーデンの作家スティーグ・ラーソンの『ミレニアム』は大人の小説ですが、リンドグレーンの作品にインスピレーションを受けて書かれ、主人公の若い女性サランデルにはピッピの、記者のブルムクウィストには「名探偵カッレくん」の面影があり、北欧ミステリーのファンである私はひそかに喜んでいます。

今回取り上げる『さすらいの孤児ラスムス』（一九五六年）は、リンドグレーンの多様な作品の中ではちょっと異色なものですが、「子どもと大人」のテーマとしてぜひご紹介したい作品です。

みなしごラスムスと風来坊オスカル

まず、リンドグレーンの作品全体には三人のラスムスが出てきます。『名探偵カッレとスパイ団』のラスムス、少年小説『ラスムスくん英雄になる』の主人公、そして本書の、九歳になるラスムス少年です。これはみんな違う男の子で、「ラスムス」はスウェーデンではごくありふれた名前だから……と作者は説明しています。

ここでのラスムスは、みなしごで「孤児の家」に暮らしています。誰か親切な人が里親として自分を貰ってくれることが、孤児たちの願いでした。仲良しのグンナル少年とふざけている時、ラスムスは間違って、怖い寮母のヒョーク先生に水をぶっかけてしまい、その罰を受けるのを恐れて「孤児の家」から逃げ出してしまいます。

野原を横切り歩き続けて、小さな納屋の乾草の中で眠ろうとしたラスムスは、すでに見知らぬ男がいるのに気づいて驚きます。それは、ひげづらの浮浪者オスカルでした。「パラダイスの風来坊、神さまの本物のふざけ屋カッコウ鳥」と名乗る陽気なオスカルは、手風琴を弾いて歌をうたったり農家の仕事を手伝ったりしながら、気ままな旅を続けています。ラスムスはその自由さに魅了されて、オスカルについていくことにし、大人と子どもの奇妙な二人連れは、さすらいの旅を続けていくのでした。

思わぬ事件に巻きこまれて

オスカルは、子どものラスムスに歩調をあわせてゆっくり歩いてくれたり、「人生にはいろいろ試練がある」と教えてくれたりします。きれいで優しくお金持ちの新しい父母を見つけることを夢見ていたラスムスも、しだいにオスカルが大好きになり、ずっと一緒に歩いていたいと願うようになります。

でも、そんな二人は事件に巻きこまれることになってしまいました。近辺に強盗が出没したため、警官がやってきて浮浪者のオスカルを連行していきます。容疑が晴れたオスカルをラスムスは待っていて、また一緒に旅を続けますが、年取ったヘードベルィ奥さんの家に立ち寄った時、ラスムスは二人組の覆面強盗が奥さんを脅し、金や首飾りを奪う現場を見てしまったのでした。

ラスムスは警察に連絡しようとしますが、風来坊のオスカルが犯人だと思われるかもしれません。

ラスムスとオスカルは、家の人たちがアメリカに移住して無人となった村の家に入り、犯人たちが隠した金を見つけます。そこへ強盗たちがやってきて……。ハラハラ、ドキドキさせられる大活劇の末に、警官とともに犯人をつかまえるまでの物語は、とても面白く、読者の心を惹きつけます。

子どもらしい機転をきかせて活躍するラスムス、そしてで暖かい心を持ったオスカルの組み合わせもよく、詩情に満ちた二人の会話や、自然の描写もすぐれています。

児童施設から逃げ出した子どもと、犯罪者にも間違えられやすい浮浪者の男。社会の底辺にありながら、なんと自由に楽しく、街道を歩いていく二人組でしょう！

そして、立ち寄った金持ちのお百姓さんの家で、子どもとして引き取ってもよいと言われ、喜んだラスムスでしたが、オスカルが出発した後、自分の胸の痛みに気づき、泣きながらオスカルを追い、一緒に行くことを選択します。その場面はとても感動的です。

目が見えなくなるほどなみだをため、ラスムスは階段をかけおり、庭に走りでた。オスカルが出発してしまったことはわかったが、じぶんの目で、それをたしかめたかったのだ。〈中略〉やっとのことで大きい戸をあけ、乾草納屋の中にはいった。強い朝日の光のなかを走ったあとでは、小屋の中はまっ暗やみのようだった。なにも見えなかった。ただわめくだけだった。

「オスカル！　オスカル！」（尾崎義訳）

ラスムスは親切なお百姓夫婦に、自分の代わりに「孤児の家」で友達のグンナルを貰ってくれるように頼み、オスカルと旅を続けます。でも、オスカルが辿りついた自分の小さな小屋にはオスカルのおかみさんがいて、暖かく迎えてくれました。そこには湖もあり、ネコもいます。「この小さな灰色の小屋は、ぼくの家なんだ」とラスムスは思います。「小さな、やせ細った、よごれた手で」ラスムスは自分の家になった小屋を軽くたたきます。児童文学らしい、安堵感にみちたすばらしいラストです。

子どもたちの苛酷な現実から

この作品によってリンドグレーンは一九五七年度の国際アンデルセン賞の大賞を受けました。

リンドグレーンは、自分自身の中にいる子どものために物語を書いた、と繰り返し語っています。『長くつ下のピッピ』で作家として出発した後、すぐに書かれた『やかまし村の子どもたち』には、子ども時代の作者の生活が映し出されています。スウェーデンの田舎、家が三軒しかなく、子どもも六人しかいない小さな村。でも子どもたちは伸びやかに、自然のなかで育っていくのです。『やねの上のカールソン』も人気の高い作品で、背中につけたプロペラで空を飛びまわる小人が少年の家族に引き起こす騒動を描いています。

しかし、苛酷な現実を背負った子どもたちの設定が、特にファンタジー作品に多く見られ、『はるかな国の兄弟』や『ミオよわたしのミオ』ではその設定がファンタジー世界の原動力ともなっています。『ミオよわたしのミオ』では、やはりラスムスのように、幼い時「子どもの家」(孤児院)にいた少年が主人公となっています。『はるかな国の兄弟』も兄ヨナタンが弟を火事から助けようとして死に、「はるかな国」から白い鳩になって弟を呼びにきて、弟はファンタジーの国で英雄となるために旅立ちます。

また、後期の『山賊のむすめローニャ』では、やはり厳しい状況の中で、自立して自分の道を切り開いていく女の子が描かれ、「カッレくん」シリーズで活躍する、男の子に負けない勇敢なエーヴァ・ロッタも含めて、「世界一強い女の子」ピッピからつながって流れる水脈を感じさせます。

リンドグレーンが、生前何度もノーベル文学賞の最終候補になりながら受賞しなかったのは残念で、「児童文学」のステータスがまだ高められていないことを思わずにはいられませんが、彼女の業績の大きさは、その本を読んで大人になった世界中の子どもたちが証明しています。

いまのままのあんたが好きなんだよ

パターソン『ガラスの家族』を中心に

「家族」――それは児童文学での永遠のテーマともいえるでしょう。絵に描いたような典型的な家族ではなく、現実の社会を反映して、多様な形態の家族が現代の児童文学には描かれています。そして血縁で結ばれている家族にも激しい憎しみや相克があり、肉親でない「他人」どうしの家族であっても、深い愛情によって「ほんとうの家族」となりえます。

ここでは、一九九八年にすぐれた児童文学の業績によって国際アンデルセン賞を受けたアメリカの作家キャサリン・パターソンが一九七八年に書いた『ガラスの家族』を取り上げます。

「問題児」ギリー

『ガラスの家族』というのは邦題で、原題は『偉大なギリー・ホプキンズ』です。主人公ギリーは一一歳の女の子。幼い頃、親に見捨てられ、里親の家を転々としてきました。ギリーを担当する福祉事務所のケース・ワーカーのエリスさんも、里親としょっちゅう問題を起こして逃げ出してばかりいるギリーに手を焼いています。今度エリスさんに連れていかれた家では、カバのように太った巨体のおばさん、トロッターさんが里親としてギリーを迎えてくれましたが、この家にはすでに里子の小さな男の子ウィリアム＝アーネストがいます。おまけに、食事の時になると隣りの家に住む、目の見えない黒人のおじいさん、ランドルフさんがいつもやってきて、ギリーは彼を迎えに行かされます。

ギリーは男の子五、六人を束にしてやっつけることができ、また大人を手玉にとるのは朝飯前という恐るべき「問題児」ですが、いつも母親の写真をこっそり隠して大切にしています。

転校先の小学校で、黒人女性のハリス先生は、ギリーの正式な名前「ガラドリエル」を、トールキンの『指輪物語』に出てくる妖精の女王の名前だといってほめてくれますが、ギリーはかたくなな態度を崩しません。学校の成績は優秀なギリーですが、教師たちを翻弄し、黒人を侮蔑するカードをハリス先生に渡したりします。

ギリーは、自分にとって最悪の環境と思われるトロッターさんの家を逃げ出して、サンフランシスコに住む実の母親をたずねていくことにし、そのための旅費を作るために、盲目のランドルフさんの家から計画的に金を盗み、またトロッターさんの財布からも金を盗みます。

肉親より里親を選ぶ

しかし、サンフランシスコ行きのバスの切符を買ったギリーを係員が不審に思って警察に連絡し、ギリーはトロッター家に連れ戻されます。福祉事務所のエリスさんは、「問題児」ギリーを特別に指導するべきだと考え、引き取ろうとしますが。トロッターさんは「わたしにとって、あの子が必要だよ」と泣きながら訴えます。それを立ち聞きするギリー。その後、ギリーの祖母が訪ねてきて、実家へ連れていき、ギリーは空港で自分に会いにきた実の母親を祖母とともに待ちますが、やがてやってきた母親には、自分を連れ帰るつもりがないことがわかるのでした。

空港からギリーはトロッターさんに電話をかけます。トロッターさんは、「わたしもウィリアム＝アーネストも、ランドルフさんも、いまのまんまのあんたが好きなんだよ」といいます。受話器を置き、母親と祖母に向かって「もう帰れるわ」というギリー。彼女が選択した「帰る」先は、実の母親のところではなく、里親のトロッターさんの家でした。「ほんとうの家族」をギリーは見つけたのです。

この物語が発表された時、「(トロッターさんのような)こんないい人たちが現実にいるとは思えない」という批評も受けたということですが、でも、ギリーのすべてを許し、愛を持って受け入れるトロッターさんのような人が、そしてこのような人間関係が「あり得る」と考えただけで、明るい未来が開けてくるような感じがするのです。

アメリカでは里親がたいへん多く、パターソンさん自身も二人の実子と二人の養女(中国系のリンさんとアメリカ先住民のメアリーさん)を育て、その他にもカンボジア人の里子を二人あずかっていたこともあったそうです。「血縁」を大事にし、里親の少ない日本では、この物語がちょっと馴染みにくかったようですが、最近は「子どもは社会の子ども」という考え方が多くなり、里親も増えていることと思います。

なお、邦題の『ガラスの家族』は美しいタイトルではありますが、ギリーが最後に選択した家族はけっして壊れやすくもろいガラスの家族ではなく、「ほんとうの家族」であったことを考えると、この邦題はちょっとそぐわないような気がします。

自由を求める子どもたちを描く

パターソンは卓越した作家で、『テラビシアにかける橋』（一九七八年）と『海は知っていた』（一九八一年、原題は『われヤコブを愛し』）で、ニューベリー賞を二回受けました。『ガラスの家族』も全米図書賞を受けています。また『ワーキング・ガール』『北極星をめざして』といったすぐれた作品も邦訳紹介され、また最近では、アメリカ東部で一九一二年に起こった移民労働者たちのストライキを背景に、イタリア移民の娘ローザと貧しいアメリカ人少年ジェイクを描いた『パンとバラ』も紹介されています（いずれも岡本浜江訳、偕成社）。

パターソンは一九三二年、アメリカ人宣教師の娘として中国で生まれ、第二次世界大戦の前にアメリカに帰り、小学校の教師をしていました。一九五七年から四年間日本で暮らしたこともあるということです。

『テラビシアにかける橋』は、バージニア州の農村を舞台にした少年ジェスと少女レスリーの出会いの物語で、二人の秘密の場所に通じる「橋」が、人間同士の、また異文化間の掛け橋を象徴する忘れがたい作品です。ここにも対照的な二つの家族が書きこまれています。『海は知っていた』は素朴な漁業の島に住む双子の姉妹を描き、人間の愛と憎しみとをテーマにしていますが、聖書に出てくるヤコブとエサウ、またカインとアベルの物語を踏まえた、深いテーマを持っています。

一九四〇年代のアメリカ東部の紡績工場で働く少女リディの自立と家族への愛を描いた『ワーキング・ガール』や、まだ奴隷制があった時代に「救貧農場」で育った孤児の少年ジップを描いた『北極星を目ざして』などすべての作品に、自由を求める子どもたちの葛藤と、それを阻んだり、助けたりする大人たちの人間ドラマが描かれます。

でも、パターソンの作品に登場する印象的な多くの大人たちの中で、私がこのような大人でありたいと願うひとりは、やはりこの『ガラスの家族』のトロッターさんなのです。

作者にはほかに『クリスマス短編集』もあり、またパメラ・ドルトンの見事な切り絵による『クリスマスものがたり』と、聖フランチェスコの詩を平易な言葉で表現した『たいようも　つきも』の二冊の絵本（いずれも日本キリスト教団出版局）も最近出されました。

今度、お家が二つになります

ひこ・田中『お引越し』を中心に

「自分探し」の物語

姓名というものは「自分」をあらわすかけがえのないものですが、その姓名を両親の離婚などによって変えなければならない時、子どもの気持は大きく揺れ動きます。また「選択制夫婦別姓」制度は民法では認められておらず、違憲訴訟が行われるなど、現在でも大きな社会問題になっていて、「家族」の一体感が無くなると反対する声もありますが、日本の社会の中で女性のアイデンティティーがいまだに確立せず、揺らいでいることは事実です。

私事で恐縮ですが、私の場合、小学校三年で父親が病没した後、母親は旧姓に戻りました。でも私は父親の姓のままだったので、同じ家に名字の違う母子が住むことになり、その後、私も母の姓に戻り数年を過ごしましたが、結婚後、今度は夫の姓となり……。そうでなくても揺れ動く「自分」の確定は困難を極めました。

現在、離婚率も増加している中で、別れた夫婦はよいとしても、子どもたちの「姓」はどうなるのか、どちらを選択すべきかの悩みも増えていると思います。それは大人の事情で翻弄される子どもたちの心を象徴しているかのようです。

そうした子どもの心に添って、ユーモラスで軽やかな筆致でこの問題に取り組んだのが『お引越し』（ひこ・田中作、ベネッセ）です。一九九〇年に出されたこの作品は、今も新鮮な問いを私たちに投げかけています。

とうさんのお引越しについていく

「水曜日。今日とうさんがお引越しをした。荷物は大きな仕事机と小さなタンスとテーブルと服、ナドナド」と、物語ははじまります。語り手は小学六年生のレンコ。三年前にこのマンションに越してきた三人家族は、今「3から2」になろうとしています。漆場《うるしば》賢一というとうさんは広告業「アド・ウルシバ」の仕事を自宅でしていて、かあさんのナズナさんはお勤めしています。でも二人は離婚することになりました。　とうさんとかあさんは自分たちの勝手で別れるけど、レンコのせいではない、二人にとってそのほうがいいのだ、と説明し、レンコも「二人で決めたのやったら私には関係ないもの」と納得します。でもこの一年間、家の中はクラーイ感じやった、と思うレンコです。ときどき「バーカ」とつぶやくのも、心のなかの鬱屈した思いをあらわしているようです。

とうさんのお引越しの日、手伝いに来てくれた後輩の布引くんやワコさんこと和歌子さんたち若い大人と一緒に、レンコもついていきます。

舞台は京都。賀茂川に沿って、引越しトラックの荷台に乗っていくレンコ。これからとうさんは新しいアパートで、かあさんやレンコと別々に住むのです。「時々会いにくる」というレンコに、娘を愛しているとうさんは涙を流しますが、(アーア、大人が泣くとどうして馬鹿に見えるのでしょう)とレンコは思います。

3ひく1は2、三人が二人になった生活は、今までよりもおたがいに支えあっていかないと大変だからお約束をしたい、とナズナはいい、約束を言葉にした「契約書」を作ることを提案します。

2で暮らすための契約書

母ナズナが作った「契約書」はとても具体的なものです。食事については、朝ごはんは母、晩ごはんはレンコ、お風呂や部屋やトイレの掃除について、洗濯について、とうさんのところにはいつでも行ってよいこと、おたがいに相談がある時は、忙しくてもちゃんと聞く、大きな買い物は二人で予算と相談して決める……。

レンコもこの契約書の書きかえを母に頼まれ、「一か月に二度、二人とも料理をさぼってもいい。その時は外で食べる。日曜日には二人で作る。その時に私はかあさんに料理を習う。とうさんが会いたいといった時は行く。収入はちゃんと私に伝える。赤字の時は私のちょ金をかす。そうだんがある時はじゃまくさがらずにちゃんと聞く」などなどをつけ加えます。

そして、離婚して旧姓に戻るかあさんは「星野なずな」という名前になり、レンコは今までの名前「漆場漣子」か「星野漣子」かのどちらかを選ぶことになります。かあさんは「星野」姓になるのをレンコの中学卒業まで延ばし、今までの「漆場賢一、なずな、漣子」という表札を「漆場なずな、漆場漣子」とします。「漆場」か「星野」か、レンコは自分の体が二つに割れたような感じになるのでした。

私はまだ成長期してます

物語にはレンコのクラスメートの子どもたちも、さりげなく登場します。ミノルは、「女はやっぱ、かわいいのが一番」とか、食事の支度をしなければならないレンコを「ええ嫁はんになれるかもしれんね」とかいって、レンコに「バーカ」とにらまれたりしながらも本当は心配してくれ、アイドルのプロマイドをくれたりする優しい男の子。

レンコは親が離婚したことを友だちに告白しますが、サリーと呼ばれている理佐も、父親が浮気をして家を出たことを告白します。トリコとヨシミとマチとサリーがレンコにくれたノートには、「げんき、しようゼイ!!」と励ましの言葉が書いてありました。

そしてレンコは三年前まで住んでいたマンションのある町へ行き、前に通っていた学校に寄った時、用務員の風見さんに会います。先生になる勉強をしている優しい風見さんはレンコを覚えていて、「漆場くんは成長期のまっ最中やが、毎日毎日大きくなっとるが」といってくれます。夜遅く酔って帰ってきたかあさんを見ながらレンコは「大人たちはみんな成長期が終わった。でも私はまだ成長期してます。それに名字を選べます。ワーイ、ワイ」と思います。

結局、レンコは二つの家を往復しながら、漆場漣子の名前のままを選び、かあさんを「ナズナさん」として認識し、そして嫌なことがあるとぬいぐるみのキリンさんの頭をガブリとかむ幼児からの癖を脱却し、成長期を歩んでいくのです。

そして「そう神経質にきれいにせんでも、人間は死なん」というナズナさんの言葉で、「契約書」の「部屋のそうじ」のところは消え、そんなふうに「契約書」はひとつずつ消えていきます。

布引さんや、彼が思いを寄せている「元暴走族」の（自分のことをぼくという）和歌子さん、かあさんの友人で個性的なナルミさんなど、魅力的な大人たちも、物語のなかで大きな役割を果たしています。

若い人びとの心に添って

『お引越し』は映画化され（相米慎二監督）また今でも子どもたちの「自分探し」の物語として読まれています。また第一回椋鳩十児童文学賞を受けました。作者のひこ・田中さんは一九五三年大阪生まれ。『ごめん』（一九九七年）も、第四四回産経児童出版文化賞を受け、映画化されています（冨樫森監督）。その他『カレンダー』など、常に若い人びとの心に添った話題作を提供されてきました。

パートナーの横川寿美子さん（『初潮という切り札』）とともに、ジェンダーの問題にも深い関心を持たれています。『ふしぎなふしぎな子どもの物語　なぜ成長を描かなくなったのか?』（光文社新書）や、また最近作では『なりたて中学生』のシリーズ（講談社）などがあり、ヤング・アダルトの読書アドバイザーとしても活躍中です。

子どもが「不安」に向き合う時

マルヨライン・ホフ『小さな可能性』を中心に

パパが医師として戦場に

今回は現代オランダのすぐれた児童文学をご紹介したいと思います。子どもは、時として大人が思いもよらないようなユニークな考え方をすることがあり、マルヨライン・ホフの『小さな可能性』（二〇〇六年、野坂悦子訳で二〇一〇年、小学館）の主人公、九歳ぐらいの少女キークもそうです。この物語は子どもの抱く不安が大きなテーマとなっていますが、キークは自分で考え出したびっくりするような方法で、不安と向きあったのでした。

私も幼い頃、いつも「もしお父さんとお母さんが死んだら」とか「天井が落っこちてきたら」といった不安にとらわれていたものです。でもこの物語の中のキークの不安は、もっと現実的です。キークのパパは医師で、NGOから戦争地域に派遣され、戦地での医療活動に従事しているのです。まさに現代の状況の中、キークのパパの旅は危険きわまりない現場です。マラリアや黄熱病にかかるかもしれず、撃たれて死んだり、「流れ弾」に当たってしまうかもしれません。

でも、パパはキークとママ、愛犬のモナを残して戦場に行ってしまいます。現在もアフリカの内戦や中東の戦火の中に多くの医療従事者を送っているオランダらしい設定です。

可能性って小さくできるの？

ママとの対話の中で、「お父さんのいない友だちは？」と聞かれ、「ひとり知ってる」と答えるキーク。するとママは「（お父さんの）生きている可能性が大きく、いない可能性が小さいのだから、心配しなくていいの」といいます。その時、キークは「パパが死んじゃう可能性」を小さくするために、ある方法を考えつきます。飼っている犬とネズミとが死んじゃった子はいても、「犬とネズミとパパが死んじゃった子」はひとりもいません。だったら、犬とネズミとパパが全部死んじゃう可能性は小さいのです！　ということは……。

キークの行動がはじまります。

まず、ペットショップへ行ってハツカネズミを買い、チーと名づけて「死なせる方法」を考えますが、嫌な気分になり、チーは飼うことにして、もう一匹死にかけた赤ちゃんネズミを貰ってきます。死んでしまったネズミを埋めながら、ネズミとパパが死んだ子はめったにいないと思って、パパの死の可能性を小さくできたとキークは考えます。思わず「なるほど！」とうなづいてしまう、ちょっぴりおかしな、でも子ども独自の論理でキークは不安に立ち向かうのでした。

考えと行動はばらばらのことなの

一方、大人であるママは家の食器棚を改造し、黄色いペンキを塗ることで、心の不安をまぎらわせようとします。ママと、パパの母であるおばあちゃんとのぎくしゃくとした関係と葛藤もよく描かれています。NGOの事務所から、パパが戦場で行方不明になったという連絡が入り、ニュースでも流れます。キークは「可能性」をもっと小さくするため、つまり「ネズミも犬も死んじゃった子」になるために、ペットショップの人に年取った弱い犬がいないかとたずねますが、わかってもらえません。キークはついに一四歳の犬モナを死なせる方法を考えはじめます。

わたしは、自分の心の中で、なにかが起こるまで待った。でも、なにも起こらない。心配にもならなければ、腹も立たない。なにも感じなかった。ショックのあまり、わたしはすっかりからっぽになっていた。そして、からっぽの気持ちは、流れ弾の大群より、もっとおそろしいものだった。(野坂悦子訳)

そんな気持ちの中で、キークは死んだ犬の絵を描きます。銃を持った男の人が立っていて、犬は体中穴だらけ。そして黒い鉛筆で絵をぐちゃぐちゃにし、怒りを爆発させるのでした。

そしてキークは、高速道路にかかった歩道橋の手すりの上からモナを突き落とそうとします。でも、キークが一瞬パパかと思った、知らない男の人によって、その行為は止められます。

キークは「可能性」のことを説明し、男の人は「きみのお父さんだったら、こういう行動をどう考えるかな?」と聞きます。そう、パパだったらモナを突き落としたりなんか絶対にしないでしょう。「ふんばるんだぞ!」とキークを励ますこのおじさんも、物語の中の一瞬の登場人物ではありますが、子どもの核心をつかむことのできる、忘れがたい大人です。「ふんばるんだぞ!」というずっしりした響きのエールに、キークも思わず「おじさんも!」と答えるのです。

可能性を大きくしたり小さくしたりすることはできないとわかったキークに、ママは「考えと行動、この二つはばらばらのことなの」といいます。大人としての長い体験から出たこの言葉の持つ重みが、子どもであるキークにさりげなく伝えられています。訳者の野坂さんもあとがきに書かれているように、行動を踏みとどまる理性が必要な時があり、それを子どもたちに伝えるのも大人の役割なのでしょう。

パパは、前線を越えたところで地雷を踏み、負傷してオランダに搬送されますが、足を一本切断することになります。でも、パパは帰ってきました。

学校ではキークのパパが足を一本なくしたことを知って、先生も友だちもキークにやさしく親切にしてくれます。でも、かえって居心地の悪い思いをするキークには、自分の本当の気持ちを出せる場が必要でした。そんな時、犬のモナの存在が大切な役割を果たします。

これからどうしたらよいか、思い悩むパパにキークは「パジャマジャマジャマ」という呪文を教えてあげます。そしてパパは、義足や車いすで世界をまわろう!とキークに呼びかけるのでした。

病室に来たママとおばあちゃんの前で、パパの胸に頭をのせて眠ったふりをするキーク。心に残るラストです。子どもの心に添った筆致で描かれ訳文も平易で読みやすく、現代の子どもたちに感想を聞いてみたい本です。

オランダ児童文学の秀作として

子どもが、子どもらしいやり方で、どのように不安に立ち向かっていくかを描いたこの作品は、二〇〇六年に出され、翌年オランダの「金の石筆賞」を受けました。またベルギーでは「金のフクロウ賞」を受けています。一九五六年にアムステルダムに生まれた作者のマルヨライン・ホフは、モンテッソーリ教育を受け、図書館勤務を経て作家になりました。『小さな可能性』は日本を含めて六カ国で出版され、さらに六カ国での出版が決まっているとのことで、国際的に高く評価されています。

現代オランダの児童文学といえば、トンケ・ドラフトの『王への手紙』やテア・ベックマンの『ジーンズの少年十字軍』などがよく知られ、その水準の高さは驚くべきものがあります。

戦争児童文学にも優れた作品が多く、本書の訳者の野坂悦子さんが訳された『第八森の子どもたち』(エルス・ペルフロム作)も、農家に疎開した少女ノーチェの目から見た戦争やユダヤ人迫害を描く秀作です。野坂さんはオランダの児童文学や絵本の訳をはじめ、英語・フランス語の翻訳でも活躍され、紙芝居文化を海外に広める活動をされたり、クルドの作家ジャミル・シェイクリーさんの本も紹介されています。

3

子どもだって市民なんだ

大人の社会のおかしさを見逃さない

子どもたちとともに社会を告発する

砂田　弘『さらばハイウェイ』を中心に

「社会派」作家　砂田弘さん

長身で、シャイな微笑みを浮かべつつも、鋭い社会への視線で「社会派」作家と呼ばれることも多かった砂田弘さんは、二〇〇八年に世を去られました。そのデビュー作、六〇年代初めの『東京のサンタクロース』から、最後の作品『悪いやつは眠らせない』まで、すべての作品は、書かれた時代の状況と深く関わっています。そしてその状況は今も変わらずこの日本の社会に存在しているのです。『東京のサンタクロース』の主人公は少年の「東京ルパン」君ですが、彼は大人のポケットから金をすり、手書きの領収書を入れておくというスリの天才。その金で貧しい子どもたちにプレゼントを贈り、自分の住む山谷の街を良くしようとする「義賊」であり、小さい鞍馬天狗のような存在です。作者はこの第一作から、痛快な物語づくりとともに、子どもたちが大人社会を告発するという作品の姿勢を崩すことがありませんでした。そこに描かれた貧困と格差の問題は今も続いています。

今回は一九七〇年に出された『さらばハイウェイ』を取り上げてみたいと思います。雑誌『日本児童文学』に連載されたこの作品は、一九七一年の日本児童文学者協会賞を受けました。

高度成長のかげで

物語は、新日本自動車の神岡社長が孫の良彦をつれて、北海道・釧路支社の落成パーティーに出席するため飛行機に乗っている場面からはじまります。

高度成長期の日本。日本の自動車の生産台数はアメリカに次いで世界第二位となっています。新日本自動車も新型車「スワロー」を売り出し、新たな経済発展を呼びかける社長。孫の良彦は案内された北海道の開拓村で、離農した一家の廃屋《はいおく》を見ます。そこに貼り残された絵には「三年　松本守」と書かれてありました。また良彦は、原野で自衛隊の演習に遭い、戦車隊の行進を見ます。

祖父の神岡社長は、新聞記者の質問に答えて、日本は国力にふさわしい防衛力を持つべきだ、と自衛隊の増強を力説し、「憲法は改正しなければならない」というのでした。

欠陥車による事故

ちょうどその時期、東京・荒川土手に沿った道では一台のタクシーが少年をはねて重傷を負わせ、そのまま逃走します。車は「スワロー六八年型」、事故に遭ったのは良彦が北海道の廃屋で名前を見た少年「松本守」、そして自転車の守をはねたのはタクシー運転手の竹内昭三という青年でした。そして物語は思わぬ方向に発展していきます。

守は病院に運ばれ、意識不明のまま眠り続けます。守の家は酪農をやめて東京にきたものの、父親は日雇い仕事、母親は玩具組み立ての内職でやっと暮らしています。少年野球の試合のために急いで飛び出した守の自転車をよけるために、竹内運転手はハンドルを左に切ったはずなのですが、からまわりして守をはねてしまったのでした。

いったん現場から逃げた竹内は、戻って警察に出頭します。この事故には中学二年の稲村ユカリという目撃者がいて、守の飛び出しによるものだというユカリの証言で竹内青年の疑いは晴れます。しかしなぜハンドルが空転したのか、と考えている時に、「スワロー六八年型」のハンドル系統の欠陥が報道され、竹内青年は自分が運転していた車も欠陥車だったのだと気づきますが、会社も警察も取りあいません。

竹内青年は毎日、守の病室に通い、ユカリも守を見舞います。昏睡状態を続ける守は脳外科の専門病院に移る必要がありますが、その病院の治療費はとても高いのです。竹内青年は何としてでも守の入院費を作ろうと決心します。この部分では「差額ベッド」に象徴される日本の医療制度の問題点が問われます。岡田外科のベッドに守は移され、そこで竹内青年はベトナムから来た若い医師ハッサンと出会います。ハッサン医師は「日本人は命の尊さを知らない国民だ」といい、狭い国土に無制限に車を走らせるこの国を「もうけ主義一辺倒」だと批判します。

欠陥車を作りながら「自動車より人間が大切だ」といっている神岡社長の記事を見た竹内青年は、大きな怒りを覚え、守の医療費のこともあって、ひとつの手段を思いつくのでした。

「誘拐犯」竹内青年

それは「ゆうかい」でした。新日本自動車社長の孫、良彦を誘拐することです。その作戦は成功し、身代金を要求するとともに竹内は良彦を車で伊豆に連れていきます。途中、急病になった良彦を病院へ連れていったり、ラーメン屋に寄ったりしているうち、良彦はこのお兄さんのような「誘拐犯」が好きになってしまいます。

車内での二人のやりとりは、この作品のひとつのハイライトともいえるでしょう。「自動車は人殺しの道具だから、それを作ってもうけている張本人から金をとるのがなぜ悪い?」といい、「交通事故がもっとおこり、排気ガスが日本中にたちこめるまで車に乗りまくってやる」という竹内に、「おじさんの考えは正しくない! 人間はもっとすばらしいものだと思う」と力強く反論する良彦。(もういちどあいたい)とおたがいに思いながら、二人は東京駅で別れます。そして物語は、その後の竹内青年の思いがけない死と、守の回復という、胸を打たれる結末を迎えます。

たしかに誘拐は許されない犯罪であり、それを肯定的に描いたため、母親たちから非難を受けたと、砂田さんは『さらばハイウェイ』をめぐるエッセイで語っています。でも作者はここで、もっと大きな状況の中の犯罪、つまり大企業や組織が作り出す隠された犯罪を暴くことに力点を置いたのでした。『東京のサンタクロース』に登場する東都新聞の「徳永記者」も、『さらばハイウェイ』の青年運転手竹内昭三も、ともに作者の分身と考えられます。

子どもたちも世界をかたちづくる一員

砂田さんが自作の中でいちばん愛着が深いといっている『道子の朝』(一九六八年)は中学二年の道子が主人公ですが、母文子と、産業省鉱山局の係長である父二郎の物語も重層的に描かれます。母が胃ガンになるという厳しい状況の中で、戦争の記憶、夕張や三池の炭鉱労働者が直面している現実、これもリアルタイムだったベトナム反戦運動などが語られ、こうした世界の動きを考え、行動していく子どもの姿が印象的に描かれます。

また『六年生のカレンダー』や、さまざまなピンチに出会いながら成長していく少年の物語『二死満塁』など多くのすぐれた作品や評論活動を経て、最後に書かれた『悪いやつは眠らせない』(二〇〇七年)では再び、「モノとカネのとりことなっている」人間たちへの強い怒りが、戦争の記憶とともに語られます。悪徳業者、政治献金……すべてが今、この時代に生きる私たちの問題ですが、こうしたことを子どもたちの眼から隠蔽しようとする大人を排し、子どもたちとともに考えていこうとする作者の、強い思いと優しさを感じます。

「少年少女もまた、世界をかたちづくる一員であり、それ(筆者註・激動する世界の問題)を知る権利があるからです」と、砂田さんは『道子の朝』のあとがきで語っています。

すなおな心と透徹した目と

安本末子『にあんちゃん』を中心に

戦後のベストセラーであり、その後も長く読み継がれてきた本の一冊に『にあんちゃん』（初版一九五八年、光文社）があります。

『にあんちゃん』は、小学校三年で一〇歳だった安本末子《すえ》さんが書き続けた日記で、その内容に感銘を受けた長兄の東石さんが一七冊の日記帳を出版社に送ったのが一九五七（昭和三二）年でした。翌年に刊行されて、わずか一〇〇日後に二一版を重ねるほどの爆発的な売れ行きとなったのです。一九五九年には今村昌平によって日活映画化され、さらに評判は広まりました。

日記は、一九五三（昭和二八）年の一月二二日から、「きょうがお父さんのなくなった日から、四十九日目です」と書きはじめられています。

佐賀県東松浦郡の、大鶴鉱業所という小さな炭鉱の町。すでに母は亡くなり、二〇歳になる長兄が炭鉱の臨時雇いとして働き、姉と次兄（二番目の兄なので「にあんちゃん」と呼ばれている高一《たかいち》）と四人で、炭鉱住宅の一隅に暮らしている末子です。そして一家は在日朝鮮人であるために、さまざまな差別を受けているのでした。

近代日本の石炭産業を支えたのは朝鮮人炭鉱夫で、その多くは強制連行によるものでした。末子たちの父親もそのひとりだったでしょう。しかしこの時点で、一家の担い手である上のお兄さんは非常に少ない賃金で働いています。

……お父さんのおったときは、ふたりではたらいていたから、それでもよかったけれど、いまはせいかつにこまるから、にゅうせき（入籍）させてくださいと、ろうむ（労務）のよこてさんにたのんだら、できないといわれたそうです。どうしてできないのといったら、吉田のおじさんのはなしでは、兄さんがちょうせん人だからということです。兄さんはがっかりしているようでした。「もおう、ひるのいもは、四百めしかやかない」といわれました。私は、べんきょうを、いっしょうけんめいしようと思いました。私はこの家から出るのが、かなしくてなりません。この家をはなれるのはいやです。だけど、にゅうせきできないなら、どうなるかわかりません。（一九五三年一月三十日の日記より）

「入籍」というのは正規の社員にしてもらうことであり、兄ちゃんは入籍できないため給料が安いばかりでなく、炭鉱のストの際に首を切られ、兄妹たちは炭鉱の宿舎も追い出されてしまうことになります。

兄さんは長崎へ職を探しに行き、姉さんは奉公に、「にあんちゃん」高一と末子は社宅の宮崎さんの家に住まわせてもらいます。狭い社宅に宮崎さん夫婦と子ども三人と安本兄妹という日々がはじまりました。

兄妹を苦しめたのはなによりも貧しさでした。

雨の日に傘がなかったり、弁当も持っていかれず、教科書も買えない、どん底の日々……。でも学校では「にあんちゃん」は優等生。末子も学級委員に最高点で選ばれるほど、皆に信頼されています。担任の滝本先生も、いつも励ましてくれます。しかし、誕生会などによばれて同級生の家に行ったりするたびに、あまりの貧富の差と、父母のいない自分たちの寂しさを感じるのでした。

聡明で、子どもらしくすなおで、また透徹した観察力を持った末子の日記には、弱いもの、貧しいものへの温かい共感と、大人たちへの厳しいまなざしが感じられます。

貧困は極まり、学校の本代が払えずに末子は学校を休みます。

九月二十一日　月曜日　晴
学校へ行きたくて、気が気でありません。
お金がないのが、かなしくってたまりません。けれども、どうすることもできません。学校へ行けないなやみが、はりさけるように、たまっています。ごはんのあじも、ぜんぜん、わかりません。かなしみがつまって、のどをとおりません。学校へ行けないで、なやんでいる私を、なやんでいると、だれがしっているでしょう。

そして末子は、子どもたちが捕ってきた小さなフナを見ても、かわいそうに思うのです。

（もし私がそんなフナであって、人間からいじりまわされたとしたら、どんなにくるしいだろう、どんなにつらいだろう）と。フナだってつらいはずです。苦しいはずです。

こんな末子を、大きい兄さんは手紙で励ましてくれ、末子の日記の文章をほめてくれます。それに力を得て、末子は書き続けるのでした。

日記の最後の部分は「にあんちゃん」こと高一の日記になっています。宮崎さんの家を出て、兄妹は山中に住む在日の人の家に世話になりますが、あまりの生活苦のありさまにそこを逃げ出します。大鶴に戻り、「いりこ」の製造などの辛い仕事についた後、東京へ職探しに出かけた高一は、警察に保護されてしまいます。

別れ別れになったままの兄妹四人……。でも末子は友達の良子ちゃんの家で暮らせるようになります。「今は、みんなでくろうしているけれど、きっと私たち兄妹四人の上にも明るいともしびが、いつかひかると信じています」と、日記は結ばれます。

日本のエネルギー政策は石炭から石油に変わり、炭鉱はすでにその跡すらも無くなりました。でもかつてそこで働き、暮らしていた人びとの日々は、さまざまな「炭鉱」に関わる文学とともにこの『にあんちゃん』の中にも書き留められました。末子や高一のけなげさは、やはり戦後の貧しい時代を経験した世代に圧倒的な共感を生んだのですが、今読みなおすと、子どもの持つ素直な心と純粋なまなざしが印象的です。今村昌平監督の映画では、主役の子どもたちのヴァイタリティが見事に引き出されていて、また周囲の大人たちの群像もよく描かれています（北林谷栄、西村晃、小沢昭一、殿山泰司、穂積隆信といったキャストの迫力！　長兄は長門裕之が演じています）。しかし日記のこまやかな心は、やはり原作でしか味わえません。

一九六二年にやはり日活で映画化された『キューポラのある街』（早船ちよ原作）にもやはり在日朝鮮人の一家が登場します。帰国事業によって共和国へ帰る姉弟と、吉永小百合演じるヒロインのジュンとの別れがひとつの山場となっています（監督は浦山桐郎）。

私が最近この二本の映画を再び見ることができたのは、「調布ムルレの会」（ムルレは韓国語で糸車のこと）の企画で、「在日」が日本映画の中でどう描かれてきたかをテーマにした連続上映会を、映画「在日」の監督呉徳洙《オドクス》さんのお話とともに催してくださったためでした。

子どもたちの真摯な視点を中心として描かれた原作も映画も、私たちの辿ってきた時代を振り返るためにも、今再び顧みる価値のあるものだと思います。

面白さの中で社会に関わっていく

那須正幹『ズッコケ三人組の卒業式』を中心に

二六年かけて全五〇巻完結

「ズッコケ三人組」シリーズを子どもの頃、夢中で読んだ方は多いことでしょう。おっちょこちょいだけど行動派の元気なハチベエ、勉強大好きでなんでもよく知っているハカセ、のんびり屋で心優しいモーちゃん、花山第二小学校の三人の同級生たちが繰りひろげる物語はどれも面白く、工夫がこらされています。前川かずおさん（後には高橋信也さん）のイラストとともに、子ども読者たちをとびきり満足させてくれる、そして「児童文学」の持つ底力を感じさせるシリーズでした。

第一巻目の『それいけズッコケ三人組』が一九七八年、最終巻の『ズッコケ三人組の卒業式』が二〇〇四年ですから、二六年の間に五〇巻が出されたことになります。まさにエポックメーキングな快挙でした。その間に子どもたちの生活は大きく変化しました。でも、まだケイタイもゲームもなかった時代に書き始められたシリーズは、今も読者の心をつかんでいます。

評論家の方々による、シリーズ全体を俯瞰した『ズッコケ三人組の大研究』（ポプラ社）もすでに三冊出されています。今回はズッコケシリーズの最終巻と、その後、三人組が大人になった設定でかかれた『ズッコケ中年三人組』（二〇〇八年）を取り上げたいと思います。

タイムカプセルを埋める

「ミドリ市立花山第二小学校」、これがズッコケ三人組の通う小学校です。六年生の担任は、ベテラン中のベテラン、宅和《たくわ》源太郎先生。通称タクワン先生は五五歳、風采《ふうさい》のあがらない小柄なおじさんですが、シリーズの中で存在感を発揮します。特に宅和先生が活躍するのは『ズッコケ文化祭事件』で、卒業式の少し前に行われた文化祭では、クラスが演じた「アタック３」という劇の内容が教育的でない、と保護者からの苦情が出たのですが、先生は子どもたちの立場にたってかばい続けたのでした。その宅和先生が教育委員会への移動を校長からすすめられる場面で、「卒業式」の巻ははじまります。

先生の指導で、タイムカプセルを校庭に埋める子どもたち。でもズッコケ三人組は、自分たちだけの所有物を学校の違う場所に埋めようと話しあいます。ハカセは小学校時代の記念の製作品を、ハチベエとモーちゃんは二〇年後に値上がりすることを考えて、ワインのびんやマンガ本を埋めます。ところが三人は、以前に埋められた別のカプセルを掘り出してしまいます。

それは北山カオルという歌手がうたっている「どさんこ酒場」というＣＤでした。そのＣＤをめぐって物語は面白く展開していきます。

それぞれの国の国旗・国歌を

CDの謎は、クラスの「美少女トリオ」の一人でパソコンに強い荒井陽子によってパスワードがつきとめられ、ミタヤという商店の顧客情報が産業スパイによって盗まれたものとわかります。大人の世界の暗部を子どもたちが明るみに出すそのことも面白いのですが、この巻でとても興味深いのは、花山第二小学校の卒業式のやり方です。この学校では在籍する外国人の子どものためにほかの国の国歌を含めて歌うこと、国旗も世界のさまざまな国の旗を飾ることになっています。

歌われるのは韓国・北朝鮮・パキスタン・イギリス・中国の国歌など。文科省もクレームのつけようがないこの方式は、もともとミドリ市の教育委員会が国旗国歌の強制に消極的だったことにもよりますが、いかにもズッコケ三人組の卒業式にふさわしい、作者ならではの演出でした。

宅和先生、やめないで！

CDの顧客情報の犯罪を解決しようとしたハチベエが誘拐事件に巻きこまれたり、校長室に呼び出されたり、最後まで波乱万丈のストーリーもいよいよ卒業式となります。ぼうしを教室に忘れて取りにいったハチベエを追って、教室に行ったハカセとモーちゃん。そこにいたのは宅和先生でした。教育委員会に転職することをせず、退職届けを出したという先生に、三人は「先生、ずっと先生でいてください」と叫び、ハチベエは先生の胸にとびついて「先生、やめちゃだめだよ！」というのでした。宅和先生がハチベエの背中をさすってくれるところで、全巻は終わりを迎えます。シリーズの中では宅和先生を毛嫌いしていた時もあったハチベエだけに、心に残る場面です。このラストで思わず涙した読者も多かったことでしょう。

市民としての社会参加を

作者は楽しい物語の中でも、常に子どもたちに、そして若い人たちに社会性を持つことをうながしています。その意味で、子ども自身が社会の不正を監視する「オンブズマン」になるというテーマを持った『ズッコケ情報公開㊙ファイル』（二〇〇二年）などが注目されます。この中で三人組は、ミドリ市情報公開条令によって、市役所が使っている食料費やボールペンの数などを調べようとするのです。また戦争に対する作者のこだわりは、第一作の『それいけズッコケ三人組』の中で、ハチベエが戦時中に掘られた防空壕の中に落ちてしまうのがきっかけで、タチバナ市の空襲や防空壕について子どもたちが調査をはじめる物語にも現れています。また、三歳の時に広島で被爆した那須さんには『折り鶴の子どもたち』や『絵で読む広島の原爆』などの重要な作品がありますが、ズッコケシリーズの中でも『ズッコケ時間漂流記』（一九八二年）で花山第二小学校の音楽の先生、若林雪子先生が、本当は江戸時代のお姫さまでもあるのですが、被爆してから出産することを選ぶというテーマが語られています。

中年三人組と裁判員制度

そして二〇〇八年には『ズッコケ中年三人組』が出されました。ハチベエもハカセもモーちゃんも四三歳！　ハチベエはコンビニを経営し、ハカセは中学の教師、モーちゃんは室内インテリアの店で働いていて、それぞれ子ども時代の面影を残しつつ中年となっています。そしてハチベエが裁判員に選出され、ある犯罪事件の裁判に関わることになります。裁判員とは何か、陪審員とはどう違うのかをあいかわらず明快に説くハカセ。場合によっては死刑判決ともなることに心を痛める優しいモーちゃん。そしてかつてのクラスメートの女性たちもともに、裁判の傍聴に行きます。市民の権利と義務を若い人たちに伝え、社会参加をうながしながら、また裁判員制度の問題点も指摘するこの本は、中学・高校生以上、大人向きの内容ながらも、『ズッコケ情報公開㊙ファイル』などにつながるものと私には思えます。

ズッコケシリーズ五〇巻は、二〇〇五年、日本児童文学者協会の特別賞を受賞しました。

初期の『首なし地ぞうの宝』から、『屋根裏の遠い旅』、『ぼくらは海へ』といった重要な作品を経て、書き続けてこられた那須さんは、その他にも『ヒロシマ』三部作や、「大あばれ山賊小太郎」シリーズ、「コロッケ探偵団シリーズ」、武田美穂さんとの絵本『ねんどの神さま』などたくさんの著作があり、最近も、私たちが企画している「新しい戦争児童文学」シリーズに『少年たちの戦場』を執筆してくださいました。これは戊辰戦争から沖縄戦までを含めて、戦場に赴かねばならなかった少年たちの物語です。「ズッコケ」シリーズは終わりましたが、これからも那須さんの健筆を楽しみにしています。

弾道下の子どもたちを描く

共同創作『山が泣いてる』を中心に

故郷の山に砲弾が

私が大切にしている二冊の本があります。一九六〇年に出された『山が泣いてる』（理論社）の初版本、そして一九七七年の同書の新版です。初版は表紙カバーが無くなってしまいましたが、はじめから装画を担当された久米宏一さんの、スケッチによる現地案内がつけられた新版を、神戸光男さんが私にくださいました。毎年「子どもの本・九条の会」で行っている「戦争と平和をめぐる子どもの本」展にも、いつも展示しています。

炭焼きや材木の切り出し、農作業といった山村の人びとの暮らしの上を、アメリカ軍の砲弾が轟音をあげて飛んでいく。着弾地はいつも子どもたちが親しんでいる故郷の山。硝煙が立ちのぼるその場所へ、砲弾の破片を拾いに行く子どもたち。そこへまた野戦重砲やバズーカ砲の実弾が撃ちこまれる。そんな恐ろしい場所が日本にあったのです。作品の中の時代は一九五三年一〇月から翌年にかけてのことで、ちょうど日本がサンフランシスコ講和条約によって独立した直後です。同時に日米安全保障条約も締結され、すでにアメリカの軍事基地は日本の数百カ所にある状態でした。そして朝鮮戦争の勃発とともに演習は強化され、それに反対する基地闘争が全国に起こっていました。二〇一五年に六〇周年を迎えた砂川闘争もそのひとつです。そしてこの『山が泣いてる』の舞台は、アメリカ軍の射撃演習場があった山形県の大高根基地であり、戸沢村（現村山市）の子どもたちや大人たちが主人公です。

戸沢村は最上川の近くの台地で、米軍はここに三つの砲座を置き、砲弾は村の上を越えて出羽丘陵の葉山や白鳥山に撃ちこまれました。

著者は五人の青年たち

この本の著者は、鈴木実、高橋徳義、笹原俊雄、槇仙一郎、植松要作の五人でした。彼らは後に述べる山形の生活記録運動の中で活躍した農村青年たちで、高橋はカリエスで寝たきりの状態でした。須藤克三や鈴木実を中心とした山形童話の会の機関誌『もんぺの子』に、「ヘイタイのいる村」として一九五五年一月から連載されたのがこの作品です。五〇〇枚を越える長編は、共同創作による破綻もなく、現実への激しい怒りを抑え、みずみずしい筆致で子どもたち、大人たちの群像を描いています。新版のあとがきで鈴木実さんが書かれているように、青年たちはこの作品を書き継ぐことで青春を燃焼させたのでした。

中学二年生の、松代、喜平治、武、進、長太郎たち楢が丘部落のグループと小学生の妹や弟たちが作品の中心です。清市の父親、富蔵は炭焼きで、着弾地に近い危険な谷あいで仕事をしています。松代も、弟で六年生の正男も、親を手伝って炭おろしをしています。その頭の上を飛んでいき、ものすごい音で炸裂する砲弾……。

子どもたちは破片を掘りおこして、くず屋のおばさんに売り、お菓子を買ったりします。でも林の中には、危険な不発弾も埋まっています。

夜間爆撃のため炭焼きが困難になった富蔵は、やむなく只見川に出稼ぎに行くことになります。村の家々も砲弾で壁をこわされたり、大きな被害を受けます。村には、多額の補償金がくるというのですが、それは山林を持っている地主のところだけなのです。

子どもたちは、「ミテシレ会」（見て知るという意味）を天神様の境内で開くため、そこに飾る絵を描きますが、絵具や画用紙を買うお金を稼ごうと、山へ砲弾の破片を拾いに行きます。その時、子どもたちの群れに砲弾が撃ちこまれ、正男は即死し、ミサ子は大ケガをして入院してしまいます。清市たちが手伝って炭焼きの準備をしていた山の炭がまも、砲撃にあって崩れてしまうのでした。

考え方の対立を克明に描く

一方、村の山持ちのだんな東兵衛の家にも、武とのり子の兄妹がいます。父親の側に立つ武は、「ミテシレ会」を準備する子どもたちに向かって「天神様は（米軍の）接収地だからやれない」と言いふらします。でものり子は村の子どもたちと一緒に絵を描き、劇の練習をしているので、武は腹が立ってなりません。

田畑を接収されたため生活に困り、娘の八重をパンパン（米軍相手の女性）にさせた村人の兵太、子どもたちに「ミテシレ会」をやれと励ます、元気なおつねばあさん、農地や山林、家屋などの被害を補償してもらう陳情運動を推進しようとする千吉など、さまざまな大人たちが描かれます。

八重の妹の道子が、基地の歓楽街となった神町に姉の消息を訊ねていき、アメリカ兵のオンリーとなっていることを知るエピソードも語られます。

八重はその後結核にかかり、ミサ子と同じ病院で療養することになります。

そんな中、子どもたちが準備している「ミテシレ会」に、力強い助っ人たちがやってきます。山形大学の学生たちでした。「ミテシレ会」は雨で中止になってしまいましたが、アコーディオンを弾き、腹話術の人形を使い、「原爆許すまじ」の歌をうたう若者たちに、子どもたちは励まされます。

大人たちの、補償金や損害賠償金をめぐっての意見の対立、また子どもたちの中での考え方の違いを、作品は克明に描いていきます。

松代たちの一家が、茨城に移住していく日が近づき、清市や喜平治、のり子たちも一緒に、砲撃で死んだ正男の墓参りをする場面も心に残ります。砲弾を撃ちこまれた故郷の山、葉山は、赤く焼けただれ、泣いているように痛々しく見えるのでした。ラストは、茨城に発っていく松代を子どもたちが見送る中、武がやってきて松代にハーモニカを贈る、暖かく希望を感じさせる場面で終わります。

生活記録運動の中から

一九五〇年代、各地で起こった民衆による新しい文化運動としての生活記録運動が、最も盛んだったのが東北農村でした。山形では須藤克三や『やまびこ学校』の無着成恭たちが山形県児童文化研究会を作り、また鈴木実や古田足日の努力によって「山形童話の会」が結成され、それが『もんぺの子』の創刊につながり、『山が泣いてる』に結晶したのでした。

この作品の中で、当時の農村の子どもたちの生活が目に浮かぶように生き生きと描かれていることは、こうした生活記録運動の成果にほかなりません。

『山が泣いてる』は第一回目の日本児童文学者協会賞を受けています。「まさに地域社会の抱える問題をとらえて、『児童文学による生活記録』をめざした山形童話の会の初志を実現した代表作であった」（『戦後史のなかの生活記録運動』北河賢三著・岩波書店）とも評価されています。

また、初版から一七年経って出された新版のあとがきで鈴木実さんは「まだ日本には多くの軍事基地がある」と指摘し、この物語がけっして昔話ではなく、「わたしたちの周辺で、しかも現在につながっていること」を若い世代にぜひ知ってもらいたいと書いています。沖縄の普天間第二小学校で私は、隣接する基地から巨大な戦闘機が校庭の真上を横切っていくのを見ました。『山が泣いてる』は今もけっして過去の物語ではありません。

今、私は「新しい戦争児童文学」を模索する試みに加わっていますが、今の書き手たちにもこの作品をぜひ読んでほしいと願っています。

何も知らなかったとはもう言えない

グードルン・パウゼヴァング『みえない雲』を中心に

ドイツの反核運動を支えた作品

二〇一一年の東日本大震災・原発事故から月日が経ちましたが、いまだに放射性廃棄物の問題は残り、原発の再稼働も進められている状況です。

この原発事故を風化させないために、鈍くなった私の想像力を鍛えねばという思いで、『みえない雲』を再読してみました。この作品はチェルノブイリ事故のあった翌年の一九八七年にすでに書かれ、高田ゆみ子さんの訳で日本でもすぐ出されています。まだドイツは東西に分断されていた頃でしたが、同じ作者が一九八四年に書いた『最後の子どもたち』（これもヨーロッパに核爆弾が落とされたという戦慄すべき設定のすぐれた近未来小説です）とともに、西ドイツではベストセラーとなり、その後も二世代にわたって読み継がれ、現在のドイツの反核運動を支える力のひとつともなりました。現在も、ドイツやベルギーの小中学校で教材として使われています。3・11以降改めて読みなおしてみると、あの福島の「みえない雲」がもたらした状況があまりに的確に表現されていることに驚かされ、震撼させられます。その中をさまよう少女ヤンナ・ベルタは、私たちが未来を託す、私たちの子どもでもあるのでした。

原題は『雲（Die Wolke）』で、これはもちろん人びとに襲いかかる「死の灰」を含んだ雷雲をさしていますが、原発が爆発する前に青空に浮かんでいた白いちぎれ雲でもあり、作品の中で「未来はずーっと雲の向こうまで続いているのだから」と語られる、その「雲」でもあります。

教室に突然サイレンが

一四歳のヤンナ・ベルタは、中部ドイツのフルダ川沿いの街シュリッツに両親と小学校二年の弟ウリ、三歳の弟カイ、そして父方の祖父母とともに暮らしています。

五月の暖かい日、両親は用事のためカイを連れて、母方の祖母ヨーが住む街へ行っていました。突然、授業中のヤンナの教室にサイレンが響き、グラーフェンハインフェルトの原子力発電所の爆発事故が告げられます。原発は両親が出かけた街の近くでした。ヤンナは級友の車に乗せてもらって帰宅しますが、祖父母はマジョルカ島に出かけて留守。弟のウリが先に学校から帰っています。地下室に避難しようとする姉と弟に母から、ハンブルグの叔母のところへ行くようにと電話があり、二人は渋滞する車の脇を自転車で走っていきます。パニックに陥りながら避難する多くの人びと……。そして土手の下の菜の花畑まで斜面を下っていったウリは、車にはねられて即死してしまいます。

呆然としているヤンナを親切な夫婦やバスが助けてくれますが、さまざまなトラブルの後、ふたたび国境近くの道を歩いていきます。村はずれの家で水を貰おうとしたヤンナを、老いた女性は「放射能にさらされている」と追い払います。菩提樹の木に寄りかかって泣き、意識を失うヤンナ。気がつくと救急病院になった村の学校に運ばれていました。ヤンナはそこで初めてこの事故の大きさを知ります。

静かな、でも強い怒り

病院には多くの子どもたちが収容されていました。内務大臣が視察に来ますが、入院児フロリアンの父親は「大臣なんて原子炉の中に追い払ってしまえばいい」と言っていながら、いざ大臣が来ると黙ってしまいます。ヤンナは石の人形を落とすことで怒りを表現するのでした。ヤンナの髪の毛は抜けてしまい、仲良くなったトルコ人の少女アイゼも死んでいきます。ハンブルグの叔母ヘルガが訪ねてきて、原発事故による死亡者リストの中にヤンナの両親と弟のカイの名前があったことを知らせます。

体力を回復したヤンナは叔母の家に行き、そこから学校に通いますが、避難してきた子どもたちのひとりに「私たちはヒバクシャ」と言われて愕然とします。みんながヤンナを避け、隣りに座ろうとする子はいません。ヤンナは、前の学校で同級だった男の子エルマーに出会いますが、明るい優等生だったエルマーはすっかり変わっていました。

そんな時、母方の叔母アルムートが訪れます。妊娠していた子どもを、原発事故後中絶させられたアルムートは、被曝者の連帯組織を作ろうと活動しているのでした。

同級生の誕生日パーティーに、ヤンナもエルマーも招待されませんでした。エルマーのアパートを訪ねたヤンナは、彼が自殺したことを知ります。そのままアルムート夫妻が住む街へ出奔したアンナは、被曝者センターの仕事を手伝います。

やがて汚染地域の立ち入り禁止が一部解除されたことを知り、ヤンナは自分の家へと向かいます。途中の菜の花畑に放置されたままだったウリの遺体をテディベアとともに埋葬し、家に辿り着きますが、玄関で帽子をかぶります。家ではマジョルカから帰ったばかりの祖父母がヤンナを迎えますが、二人は何も知らされず、事実を認識していませんでした。原発の問題を、「政治談議」だと言って避ける祖母。「ドイツ・ヒステリー」だという祖父。ヤンナはその時、ゆっくりと帽子を取り、真実を語りだすのでした。

この衝撃的なラストは、「知る」ことの重要さと「知ろうとしない」ことの大きな責任を私たちに訴えています。『みえない雲』全体にも「何も知らなかったとはもう言えない」という副題がついています。

さまざまな大人たちの姿を描く

そしてこの物語には、多くの大人たちとその考え、行動が描かれています。子どもが最悪の状況の中で生き抜いていく時、どのような大人に出会うかは決定的な意味を持ちます。子どもはフレキシブルな感覚を持ち、常に変化していくからです。

原発のみでなく、社会、政治をめぐるさまざまな考え方の大人が登場します。母方の祖母のヨーは、週末にはかならずデモに参加していて、「何かを変えなくちゃいけない」というのが口癖。菜食とシンプルライフを守り、第二次世界大戦の時に戦死した恋人の写真をいつも飾っています。父方の祖母ベルタは、絵本に出てくるような典型的なおばあちゃんで、お話や歌をたくさん知っています。「緑の党」や政治の話が嫌いで、ワッフルを焼くことを最上の世界としています。しかし戦時中はナチスの「婦人隊」で高い地位にありました。また抑制的で何事もきっちりしないと気がすまない叔母のヘルガにもヤンナは苛立ちます。一方、悲しみにも負けず救援活動を主体的に展開するアルムートの姿は印象的です。こうした人物造型の深さが、この作品をしっかり支えています。

作者はフクシマも描きつつある

作者パウゼヴァングさんは一九二八年チェコに生まれ、戦後西ドイツに移住しました。小学校教師のかたわら執筆活動を続け、多数の著書はいずれも社会の現実から生み出されるさまざまな問題をテーマにしています。平和を訴える絵本『ハロー・ディア・エネミー』も日本で紹介されました。また最近ではナチス・ドイツ下の記憶を扱ったすぐれた短編集『そこに僕らは居合わせた』や長編『片手の郵便配達人』（ともに高田ゆみ子訳、みすず書房）も出されています。高田ゆみ子さんのお話では作者は現在、福島の原発事故をテーマに書かれているとのことでした。

『みえない雲』はチェルノブイリ事故二〇周年にあたる二〇〇六年に映画化され、また二〇〇八年にはコミック版も出されました。

希望とは地上の道のようなもの

魯迅『故郷』を中心に

未来の世代に希望を託して

中国・江南の海辺で、輝くような小さい英雄だった少年。しかし二〇年の歳月を経て故郷に戻った「僕」が出会ったのは、子沢山の貧困と苛酷な税の取り立てなどによって、すっかり昔の面影を失くし、「木偶坊《でくのぼう》」のようになってしまったひとりの男でした……。

美しい寂寥感を湛えたこの魯迅の傑作短編は、日本でも中学の国語教科書のほとんどに収載されてきましたので、ご存知の方は多いでしょう。

児童文学の範疇ではないものの、中学教科書に載っていること、そして何よりも「時」が隔てる「大人と子ども」のテーマと、これからの子どもたちに新しい希望の道を託すというラストによって、ここにぜひ取り上げたい作品です。

現在、魯迅研究の第一人者である藤井省三さんは、この「故郷」を小学五年生の時に読み、その感銘が後に中国文学を専攻し、魯迅研究に到る道につながったと伺いました。

後にご紹介するフィリパ・ピアスの『トムは真夜中の庭で』は、「時」の障壁を取り除き、老人と子どもが出会う物語ですが、「故郷」ではそれと対照的に、「時」が冷酷な現実として存在し、作者はその現実をありのままに受けとめ、表現しています。しかし最後は、次世代への希望を指し示した有名な言葉でしめくくられます。

希望とは本来あるとも言えないし、ないとも言えない。これはちょうど地上の道のようなもの。実は地上に本来道はないが、歩く人が多くなると道ができるのだ。（藤井省三訳）

「時」が作った悲しい厚い壁

「僕は厳しい寒さのなか、二千里も遠く、二十年も離れていた故郷へと帰っていく」と物語は始まります。この故郷は、魯迅が生まれ育った浙江省の紹興《しょうこう》であり、周一族（魯迅の本名は周樹人）の古い屋敷を売却するために僕は故郷へ戻るのです。母親と、八歳の甥が迎え、そこで僕は昔の友達だった閏土《ルントウ》が会いたがっていることを聞きます。その瞬間、僕の脳裏には、深い藍色の空と金色の満月、その下に立つ少年の姿が浮かびます。

使用人の息子だった閏土は、僕と大の仲良しでした。スイカ畑でチャー（アナグマのような動物で作者の想像の産物）をつかまえたり、鳥たちや貝についても詳しく、僕の知らない楽しいことで心が一杯の、すばらしい少年！　しかし今、僕に会いにやってきたのは、皺だらけになり生活苦に打ちひしがれた中年の男でした。閏土は僕を「旦那様」と呼び、僕は二人の間の悲しい、厚い壁を感じるのでした。でも彼は五番目の子どもの水生《シュイション》を連れてきており、その子どもは昔の閏土にそっくりです。水生と僕の甥の宏児《ホンアル》とは仲良く遊びに出かけていきます。

またここでは、昔「豆腐西施《とうふせいし》」（西施は春秋時代の美女で、日本で言えば「小町」の感じ）と呼ばれていたおばさんが、今は年取って物欲が強くなり、周家の家財道具を持ち去る様子も描かれます。閏土もまた、家財道具を貰った上に、稲わらの灰の中に食器類を隠して持ち帰ろうとします。

僕は水生と宏児の未来を考え、自分と閏土のように隔てられることなく、新しい人生をともに歩んでほしいと願うのでした。

文学革命と『吶喊《とっかん》』

魯迅が「故郷」を発表したのは一九二一年、四〇歳の時です。文語文を主体としていた中国の文学を口語文とし、文学革命を起こした陳独秀や胡適たちは、一九一五年に雑誌『新青年』を創刊し、魯迅は弟の周作人とともに参加し、「狂人日記」を同誌に発表して活発な文学運動を展開しました。「故郷」は、「狂人日記」や、代表作と言える「阿Q正伝」などとともに第一創作集の『吶喊《とっかん》』（「鬨《とき》の声」の意味）に収められました。

一九一九年五月四日に、北京の学生たちが反日・反軍閥運動を起こしたのが「五・四運動」で、それは魯迅たちの文学革命にも連動していました。そして「阿Q正伝」のような、社会の底辺に暮らす人間への深いまなざしと中国社会への鋭い批判をこめた作品を書きながら、魯迅はまた、北京を舞台に童話作家で詩人のエロシェンコを描いた「あひるの喜劇」や、童話風ふうの「兎と猫」も『吶喊』に収めています。また雑誌『新青年』は児童文学のためのスペースを設けて、翻訳や評論を掲載し、葉聖陶などの作家が童話を書いて、中国の創作児童文学の道をひらいたのでした（中由美子著『中国の児童文学』参照）。

東アジアの文学交流と魯迅

また一九〇二年から一九〇八年まで魯迅は日本に留学し、日露戦争が始まった年には仙台医学専門学校に入学しています。魯迅は芥川龍之介に深く傾倒し、『吶喊』の中の「小さな出来事」という小品は芥川の「蜜柑」という作品に影響を受けて書かれています。どちらも私の大好きな作品です。また現代の大江健三郎や村上春樹の作品、そして韓国や台湾の文学にも、魯迅は大きな影響を与えており、東アジアの文学交流に大きな役割を果たしています。

清の時代の末に生まれ、辛亥革命による中華民国の成立や五・四運動、北伐戦争や反共クーデター、国民党批判から日中戦争の始まりといった激動の時代を経て、魯迅は五五歳で亡くなりました。残された多くの作品とともに人生の寂寞を描きながらも、この「故郷」という作品には特別に清新な雰囲気が感じられ、これからも若い人びとに読み継がれていってほしいと願うのです。

絵本化された「故郷」

私はずいぶん以前のことになりますが、まだ縦横に走る水路の街の面影をとどめている紹興を訪れ、魯迅の旧家を見学し、「孔乙己《コンイーチー》」の舞台となった酒店にも行きました。また上海でも魯迅の旧居を訪ねることができました。

また二〇一〇年に浙江師範大学で開かれた「アジア児童文学大会」(この会は隔年に韓国・中国・台湾・日本で開かれています)に参加した折、大きな都市の金華にある新華書店で、出版されたばかりの「故郷」の絵本を買いました。「中国百年古典絵本」のシリーズの一冊で、文章は簡略化され、「豆腐西施」の箇所などは削られていますが、パステルで心に浸みるような江南の風景と、魯迅自身の姿が描かれた、とても美しい絵本でした。「新青年」の創刊からほぼ一〇〇年、現代の中国の子どもたちにとっても魯迅は遠くなっているのではないかと思い、大人たちの「古典に親しんでほしい」という願いがこめられていると感じました。

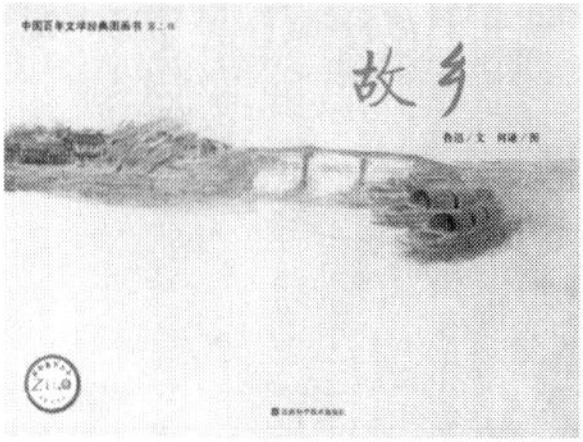

『故郷』
魯迅著　何謙絵
中国百年古典絵本
江西科学技術出版社

「故郷」は竹内好の訳がよく知られ、中学教科書も竹内訳によっていますが、ここでは藤井省三訳(光文社古典新訳文庫『故郷／阿Q正伝』)を参考にしました。

現在、日本と中国・台湾との児童文学の交流のために「日中児童文学美術交流センター」が二〇年以上の長い活動を続けており、作品交流の雑誌『虹の図書室』や評論誌『日中児童文化』を刊行しています。

4

子どもだからこそわかるんだ

子どもに“正義”あり

子どもたちが大勝利をおさめる

大石　真『チョコレート戦争』を中心に

今回は日本の児童文学に大きな足跡を残された大石真さんの中期の代表作で、子どもたちに大きな共感を呼んだ『チョコレート戦争』（一九六五年）を中心に取り上げます。

作者が三八歳の時に書かれたこの作品は、その魅力的なタイトル、そして高級洋菓子店のケーキやチョコレートをめぐる大人と子どもの争いという素材の魅力によって、子ども読者の心をつかみました。でもそれだけではありません。すでに『風信器』などのすぐれた短編で、子どもの心理を的確に表現していた作者が、児童文学の「おもしろさ」を意識的に追求したのがこの作品であり、その「おもしろさ」は、大人たちの思い込みによって嫌疑をかけられた子どもたちが、正義の戦いを起こすそのプロセスの中にあるからです。

子どもたちは無実の罪を晴らす

地方の小さな町。でも、ここには「金泉堂」というとても美味しい洋菓子屋さんがあります。

その店の主人谷川金兵衛氏が、フランスで修業した腕を生かして作った店でした。そのショー・ウィンドウに飾られたチョコレートのお城は、まさに子どもたちの憧れであり、垂涎《すいぜん》のまとなのです。でもある日、そのショー・ウィンドウのガラスが石つぶてで割られ、たまたま病気の妹のためにケーキを一個買いに来て（結局お金が足りずに買えなかったのですが）戻る途中の光一と、同級生の明の二人組が犯人扱いされてしまいます。子どもたちに突然かぶせられた無実の罪。

若い女性の桜井先生は、金泉堂に駆けつけて二人の潔白を訴えますが、支配人も社長の金兵衛氏も聞く耳を持ちません。

光一はクラスの有志四人とともに復讐の作戦を練ります。ちょっと気の弱い明は、作戦の実行前に桜井先生に電話で相談しようとしますが、電話番号を間違えたために、金泉堂の次男健二の友人ルミ子にかかってしまい、チョコレートの城の略奪計画は、金泉堂側に筒抜けになってしまうのでした。ウィンドウの城が偽物にすりかえられたのを知らずに盗み出した子どもたちはがっかりしますが、新聞部の副部長である女の子みどりの機転により、学校新聞というメディアで報道し、さらに近隣の小学校の新聞部にも知らせることになります。「世論」に直接訴えることによって、形勢は逆転したのでした。

つまり、子どもたちの協力によって、金泉堂のお菓子はさっぱり売れなくなってしまったのです。石を車で跳ね飛ばしてウィンドウを割った「真犯人」たちも名乗り出て、物語は大人たち、金泉堂側が敗北を認め、子どもたちの大勝利となり、大団円となります。なにしろ、それからは毎月一回、特製のデコレーション・ケーキがこの小学校の子どもたちにプレゼントされることになったのですから！

『風信器』の子ども像

巧みなプロットは子ども読者を引きこむ力を持ち、特に書き出しの、テストの答案をめぐるケンカの部分にも、子どもの心理を描く作者のペンの冴えが感じられます。また大人たちの背景もしっかり書きこまれていて、たとえば金泉堂の社長で創業者の金兵衛が若い頃靴みがきをしていて、思わぬことで洋菓子作りの道が開けたことなどが読者に伝えられます。こうしたていねいな人物造型が、大石作品の特色のひとつでしょう。

北田卓史さんの楽しい挿画の魅力も加わって、『チョコレート戦争』は、作者が目指した「本当におもしろい」子どもの文学として大成功を収めたのでした。

『チョコレート戦争』の一〇年以上前に書かれた短編『風信器』（一九五三年）は、作者の初期のすぐれた作品です。ここには、子どもたちの実存と、それを取り巻く社会状況とを、けっして図式的になることなく「文学」として描こうとする大石さんの作品の特徴が、すでによく現われています。

小学校の教室の天井裏に銀行強盗がひそんでいて、ときどきクラスの子の弁当が盗まれるのはそのためだという噂からはじまる、ワクワクする導入部、そして実は、貧困による飢えから弁当を盗んだのはクラスの弘であることに主人公の「ぼく」は気づきます。そして、夜逃げ同然に家族で北海道へ去っていく弘を「ぼく」は思いやります。

ぼくは、ふと目をあげて屋根を見た。風信器は、北東を指している。風速五メートルぐらい。冷たい風だ。弘はいま、なにをしているだろう。もう、北海道では雪がふっているだろうと思った。
（『風信器』より）

と、物語は結ばれます。

「児童文学とは何か」を問い続けて

大石真さんは、多くの幼年童話や、田中正造伝である『たたかいの人』を含めて多様な作品を残されていますが、常に「児童文学」というジャンルを大切にされ、また「児童文学とは何か」という問いを自分自身に問いかけ続けられた作家でした。その問いかけの答であり、また作品としてのひとつの頂点となっているのが『教室二〇五号』（一九六九年）です。主人公たちは六年生ですが、私には『チョコレート戦争』の子どもたちが少し成長した姿にも思えます。

教室二〇五号というのは、小学校の体育用具が入れてある物置の地下にある防空壕の跡であり、偶然この場所を見つけた子どもたち、友一や洋太や健治がここを秘密の二〇五教室と名づけたのです。ここで子どもたちは、普通の教室では得られなかった、たがいに励ましあう友情を育みます。藤田のぼるさんは、この場所のことを「解放区」と表現されていますが、まさしくこうした解放区を従来の教室の外に設定したことに、作者の学校教育に対する痛烈な問いかけがこめられている、と思うのです。そしてその問題提起の意味は、やや歳月を経た現代でも変わりません。一人ひとりの子どもたちの家庭環境や悩みがしっかり書きこまれている点でも、作者らしい作品です。

『街の赤ずきんたち』（一九八三年）は、現代に過去の戦争を呼びもどす試みを、ファンタスティックな手法で描いた意欲的な作品です。主人公のサトシが自宅に帰るエレベーターに、見なれないB2のボタンがあり、その地下階に行ったサトシは、太平洋戦争中の風景の中、防空頭巾をかぶった子どもたちが逃げまどう姿に出会います。『チョコレート戦争』や『教室二〇五号』に見られた子どもたちへの信頼に満ちた結末はここにはなく、戦時下の子どもたちに食料を持っていって、かえって子どもたちを機銃掃射の犠牲にしてしまうサトシの体験は、あまりに重く、暗いものがあります。しかしここでも人物造型の確かさは作者ならではのものであり、愛する「児童文学」というジャンルでの果敢な実験ともいえるでしょう。

一九九〇年の九月に大石さんは世を去られましたが、その創作の教えを受けた書き手の方々が、その命日を「風信忌」と名づけ、今も集まりを持っておられます。私もその末席に連なる一人で、この九月も皆さんと作家大石真について語りあうのを楽しみにしているのです。

ドクロの旗を掲げ、子どもたちは行進する

古田足日『宿題ひきうけ株式会社』を中心に

「四季と宿題はなくならない」とケストナーは『エーミールと少年探偵団』の中で言っています（『宿題ひきうけ株式会社』の中でも、この言葉は引用されています）。子どもたちにとって、「宿題」の悩みが解決したらどんなによいでしょう。宿題がなくならないものなら、本人のかわりに宿題を引き受ける会社を作ったら？　サクラ小学校五年三組の子どもたちの、こんな思いつきから物語は始まります。

古田足日さんが一九六〇年代に初めてこの作品を発表した時の、子どもの心と視点に添った発想の斬新さは今も変わりません（原型は「進め！　ぼくらの海ぞく旗」というタイトルで『教育研究』一九六四〜六五年に連載されました）。

なぜ会社は設立されたか？

タケシ、アキコ、サブロー、ミツエ、ヨシヒロ、それに四年のフミオも入れて「会社」が設立され

たきっかけは、高校野球からプロ野球にスカウトされたテルちゃんの契約金が一〇〇〇万円だったというニュースからでした。テルちゃんはアキコの兄の同級生ですが、勉強は少しもしないで先生に叱られてばかりいたのです。大学を出たアキコの姉の月給が二万五〇〇〇円だというのに。

「勉強って何なんだ?」という疑問も、小遣い不足の解消とともに、子どもたちの「会社」設立の動機となります。引き受け料は一回二〇円。

子どもたちはセールスに行き、弟や妹の宿題もやってほしいというヨシダ君や、「宿題は自分でやらなくちゃ」というトンちゃんなど、さまざまな考えに出会います。でも注文も取れて、会社は快調にスタートしたのですが……。

思わぬ「地球儀事件」が起こります。ヨシヒロは得意な社会科の宿題を引き受け、地図を調べているうちに「グリーンランド」の地図上の大きさに気づき、学校の地球儀で正確な大きさを知ろうとしますが、教室での取りあいの中で、地球儀は壊れてしまいます。担任の石川先生は子どもたちと話しあいますが、その中で「宿題ひきうけ株式会社」の存在がわかってしまうのでした。せっかくフミオがドクロの旗を作ったというのに、会社はあえなく解散ということになりました。

「いまだって、やばんだ」

けれども、子どもたちの発想は進化していきます。六年生になった子どもたちに、先生は「なぜ勉強するのか?」という問いを投げかけ、また「未来人」の立場から「いま」と「むかし」を考えてみよう、というテーマを提起しながら、ひとつの物語を語ります。この先生の物語の部分は、初めの版ではアイヌ民族を主人公にした童話「春をつげる鳥」（宇野浩二作）でしたが、この童話がアイヌ民族を差別した作品であるという指摘を一九九五年に受けた作者は、それをすべて削除し、「花忍者」の物語に変えました。花の好きな少年佐平が、忍者のための厳しい試練「ためし」の時に崖から落ちて死んでしまう話です。そして聞き手の子どもたちの、「むかしはやばんだったんだ」「いまだってやばんだよー」という声に、先生は「やばんとはどういうことか、むかしといまを調べてくらべてみよう」という課題を出し、子どもたちも積極的に取り組みます（以下は一九九六年の新版を中心とします）。

ソロバンが電子計算機に替わる時代。ヤマト電機につとめるアキコの兄のソロバン名人ハシモト君は販売にまわされてしまいます。電話もダイヤル化され、全電通労組は合理化に反対する運動に取り組んでいます。これらはこの物語が書かれた当時のリアルタイムのできごとでもありました。子どもたちはそうした社会の矛盾に直面し、改めて「やばん」の意味を考えます。

「らんぼうで人道に反すること」という「やばん」の定義を辞書で調べたスズキ君は、戦争で中国へ行った日本の軍隊が、村を焼き人びとを殺したことを父親から聞きます。それはつい二〇年前のことなのでした。

「試験・宿題なくそう組合」の結成

「やばんというのは、人間を大切にしないことです」と発表するアキコ。「やばんとは？　未来とは？」

と考える子どもたちに先生は原爆について語り、「機械文明はいましも野蛮の最後の段階に到達した」というアルベール・カミュの言葉を紹介します。こうして先生から大事なヒントを与えられながら、子どもたちはそれぞれの自分の考えを言葉にし、仲間たちとディスカッションし、読者自身にも考えさせる役割を担っていくのです。また子どもたちの気づいた社会そのものの問題点は、ふたたび「試験」や「宿題」への疑問と結びつくことになります。

クラスのボスであるコウヘイを追放するため、新聞部に入ってキャンペーンを展開する子どもたちの行動もそれに続きます。

また通信簿の成績のつけ方の問題や、憲法第一六条の国民の権利としての請願のことについても子どもたちは話しあい、「未来人はふしぎがる」という記事を新聞に書くことにします。

そして、ヤマト電機労組のデモ隊を見た子どもたちは、ドクロの海賊旗の下、「試験・宿題なくそう組合」を結成して、日本中の子どもたちが行進する夢を描くのでした。

子どもたちの考える力と行動力を信じて

戦後の日本の児童文学を、創作と批評の両面から牽引してこられた古田さんのこの作品は、ちょうど日本が高度成長期を迎えた時に噴出した社会的矛盾を、子どもの視点と発想にこだわりつつ学校教育の場で考えるものとなりました。

子どもたちの考える力、行動する力に寄せる信頼は古田作品のバックボーンでもあり、『ぼくらは機関車太陽号』（一九七二年）にもその思いはあらわれています。また六〇年代に書かれた短編連作『モグラ原っぱの仲間たち』は、子どもらしい楽しくユニークな遊びの風景を描くとともに、もうすべての「モグラ原っぱ」が破壊され失われたことを感じさせます。『おしいれのぼうけん』や『ダンプえんちょうやっつけた』『ロボット・カミイ』など、実際の保育の現場から着想を得たすぐれた幼年童話も多く、現在も読み継がれています。『モグラ原っぱ……』の洋子先生や『ダンプえんちょう……』のダンプ園長など、子どもたちと一体になって遊ぶことのできる大人たちの存在も印象的です。

古田さんはその評論の中で、児童文学の創作には二つの心棒があると言っておられます。ひとつは作者の自己表現としての思想・世界観、そしてもう一つは「子ども感覚」であり、その感覚を働かすことは、必然的に子どもの立場に立つことになります。『宿題ひきうけ株式会社』も、作者自身が子どもの時、宿題が嫌で、誰か代わりにやってくれないかなあ、と思っていたことが作品の原点になったのでした。自分の中の「子ども感覚」、と、「今」を生きることの課題（古田さんの言葉によれば思想や世界観）が結びついた時、すぐれた児童文学は誕生するのでしょう。

「子どもの権利条約」をテーマにした『学校へいく道はまよい道』や、『ぬすまれた町』『月の上のガラスの町』などのＳＦ、『児童文学の思想』『現代児童文学を問い続けて』などの評論と、多彩な仕事をされてきた古田さんは二〇一四年に亡くなりましたが、若い人たちとともに模索されてきた「新しい戦争児童文学」としての「文学のピースウォーク」のシリーズが刊行されています。

おとなはなんてにぶいんだろう

なだいなだ『おっちょこちょ医』を中心に

ヘーワ町に医者がきた

「お医者さん」――それは大人にとっても子どもにとっても特別な存在です。子どもの頃に診てもらったちょっぴり嫌なお医者さんや、優しいお医者さんのことはよく覚えています。また私が子どもだった戦後の混乱期には「お医者さんごっこ」が流行り、患者にさせられた小さな女の子は、いたずらな男の子の格好の「獲物」になったりしたのでした。でも、お医者さんがいなかったら、私たちはどんなに困ることでしょう。病気になっても、どうしてよいかわからないのですから。

惜しくも近年亡くなりましたが、精神科医でもあった作家のなだいなださんは、若い人向けの本も書いておられました。そのひとつの『おっちょこちょ医』（一九七四年、筑摩書房）を今読み直してみると、なかなか面白い子どもと大人の風景がありました。

舞台はちょっとヨーロッパの町を思わせる、でもハナヒーゲ町長さんやサテ・ドースルさん、シブシーブじいさんなどがいる、デルタ国の小さな町、その名もヘーワ町です。

この町にはお医者さんがいませんでした。

医者を連れてくると公約した町長は、首都アン・ダーム市で運河に飛びこんで自殺しようとした若い男の人に会います。その人は医師の免許を持ったトレ・ディストレで、たいへんなおっちょこちょいのため、もし医師になったら薬の分量を間違えるかもしれず、ほかの会社にも雇ってもらえず悲観したのでした。

町長はこのディストレさんをヘーワ町へ連れ帰ります。大喜びで迎える町の人たちの中に、サテ・ドースルの息子のヤンと、友達のダンがいました。さっそく散歩に出かけて迷子になってしまったディストレ先生は、ヤンとダンに助けられます。先生は二人の少年を「天才だ」とほめ、自分の助手になってほしいと頼みます。「いたずら餓鬼《がき》」の二人が天才だなんて、町の人たちもびっくり。でも先生は大真面目なんです。ヤンとダンは先生に血液検査をしてもらったりして、理科に興味を持つようになります。でもディストレ先生のところには患者がひとりも来ないのでした……。

大人は何も考えてない

「だれも病気にならないのはいいことだ」と、のんきに言っている大人たち。でもヤンとダンはディストレ先生が治療費を稼げず、生活できないことを心配せずにはいられません。大人ってなんて鈍いんだろう、子どもには「考えろ、考えろ」と言うけれど、自分では案外、何も考えてないんだ、と子どもたちは思います。やっと事情がわかり、おっちょこちょいの医者でも、町に医者がいなければ困る、誰か病気になってほしい……と願う町の人たちの姿が、とてもユーモラスに描かれます。

そんな時、アクーンじいさんはひとつのたくらみを思いつきます。「ニセ患者」になって先生の治療を受け、治療費を町の人びとから出してもらおうというのです。でもそのアクーンじいさんに、先生はごく初期のガンを発見し、首都の大学病院で手術して完治します。ところがじいさんはこの手術費用が払えず自殺しようとし、町の人たちが皆で金を出しあって助けたことで、ヘーワ町には健康保険のような制度が作られたのでした。

子どもは全部天才だ

おっちょこちょい先生の助手をしているうちに、ヤンとダンの学校の成績は上がります。ヘーワ町の親たちは、自分の子どもをバカだと思うよりは天才と信じたほうがよいと思い、自分の子を「天才」と呼ぶようになりました。

「うちの天才は、きょう学校でおしっこもらして帰ってきたよ」というように。

そしてヤンは、医学を学ぶためにアン・ダーム市の医学校に入ります。

でも、世の中には暗い影が忍び寄っていました。隣りのドルマン国では赤シャツ党が勢力を増し、ガラリヤ人という母国を追われた人びとを迫害するようになったのです。そして赤シャツ党が政権を握ると、大きく強い軍隊を持ったドルマン国は、ヘーワ町のあるデルタ国を占領します。ヤンはレジスタンスの組織に入り、活動しますが、赤シャツ党のガラリヤ人迫害は激しくなっていきます。

「ガラリヤ人の血は黒い」という宣伝に、ディストレ先生は「それは間違いだ」と話します。翌朝、先生の家の壁には赤ペンキで「非国民」と書かれているのでした。

それでも「人間の血はみな同じだ」という先生は、ドルマン兵に捕らえられます。「ぼくはおっちょこちょいで、まちがいばかりしていた。でも故意のうそだけは許してはいけない」と先生は言い、「ちょっぴり、おっちょこちょいになりなさい」という言葉を残して、軍のトラックで収容所へ送られていきます。

先生がはじめて町へ来た時のように、人びとは窓から見送りますが、「いけねえ！　今月の牛乳代を払うの、わすれてたぞ！」と叫ぶ先生のすっとんきょうな声に、みんなは思わず微笑みます。それがこの悲しいラストに救いをもたらしています。

子どもへの全幅の信頼

この作品の後半は、空想の国の物語ながら、まさにナチズムの時代を想起させるもので、戦争児童文学と呼べるものとなっています。人びとの生命を救う腕を持ち、子どもたちを尊敬し愛するディストレ先生は、「おっちょこちょい」という愉快なキャラクターながら、どことなくあのコルチャック先生を思い出させます。寓話的な手法は、日本の作家には珍しいものですが、その語りはエスプリに溢れ、いかにも「世界人」のいなださんにふさわしいと感じます。「なだいなだ」というペンネームは、スペイン語で「なにもない」という意味の「ナダ」を、「と」という接続詞の「イ」でつなげたものだと聞いたことがあります。

四〇年前に書かれたこの作品には、今も若い人びとへの新鮮なメッセージがこめられているようです。そして、「大人が考えもしないことを、子どもは考えている」という、子どもへの全幅の信頼が、嬉しく心に残る物語です。

なださんは、若い人びとのために『TN君の伝記』(福音館書店)も書いています。この「TN君」は、最後まで実名が伏せられていますので、ここでも作者の思いを尊重して名前を書きませんが、幕末から明治の時代、ルソーの『民約論』を訳し、人間の自由を求め続けた土佐出身の思想家……と言えば、この文を読んでくださっている皆様はすぐおわかりのことでしょう。ここにも、明治という時代を生きた若者たちの活き活きした群像とともに、現代の日本につながる問題が、はっきりと描かれています。

人間とはなにか、自由に生きられてはじめて人間ではないか、と考え、自由民権運動にも大きな影響を与えたTN君。その精神のありかたは、おっちょこちょ医のディストレ先生にもちょっと似ているような気がします。

ブラックな笑いに真実をくるんで
ロアルド・ダール『マチルダはちいさな大天才』を中心に

子どもたちの圧倒的な支持を受けて

先日、街角でこんな光景を見ました。七歳ぐらいの男の子が母親に叱られています。「もっと荷物をちゃんと持って!」「あんたは本当にダメなんだから!」

男の子は母親の態度に全身で不満を表していましたが、どんどん歩いていってしまう母親の背中に向かって動物の咆哮《ほうこう》のような唸り声を出し、横断歩道で地団太《じだんだ》を踏んでいました。でも最後には母親を追って駆けていきました。抑圧的な大人への激しい怒りを持ちながらも、ついていかざるを得ない「子ども」の立場。私はふとロアルド・ダールの作品を思い出し、あの子がもう少し大きくなってダールを読んだら、どんなに愉快になり溜飲が下がることか、と想像したのでした。

私がロンドンの書店を訪れたのは、もうダールが世を去った後でしたが、書店には子どもの本の現在のベスト・テンのランクが貼り出され、ダールの本は変わらない人気を保って数冊が上位に入っていました。たぶん、『マチルダ』(原題)がトップに近かったと思います。

グロテスクともいえるあまりのブラックなユーモアと誇張した表現に、大人たちからは批判も受けたダールですが、子どもたちの支持は変わりません（クェンティン・ブレイクの絵のすばらしい魅力もあるでしょう）。日本で訳されている多くの作品の中で、今回は一九八八年に出され、イギリスでは瞬時にベストセラーになった『マチルダはちいさな大天才』（邦訳は宮下嶺夫訳、評論社）をご紹介します。

大人という権威への仕返し

四歳のマチルダは、感受性が豊かで頭の回転が驚くほど早い女の子。字がすらすら読めるのに、家にある本は『やさしいクッキング』一冊だけ。一人で村の図書館に行ったマチルダは、ディケンズの『大いなる遺産』をはじめ『ジェイン・エア』やキップリング、ヘミングウェイやスタインベックなどを次々と読了してしまい（このリストがまたすごい！）、図書館員のミセス・フェルプスを驚倒させます。こんなに自立した大天才のマチルダなのに、両親はその力をまったく認めず、この四歳の娘をほんの「かさぶた」ぐらいにしか扱っていません。父親は中古車の販売の仕事をしていますが、走行記録計をごまかして儲けている悪徳業者で、ビンゴ・ゲームにはまっている母親は、家ではテレビに釘づけ。こんなマチルダの両親を、作者は思いきり野卑で横柄な人間として描いています。その二人に、ひっきりなしに「物知らずでばかだ」といわれているマチルダは、まず痛快な仕返しを思いつきます。父親の帽子に接着剤をつけたり、ヘア・トニックに染毛剤を入れて、父親の髪をプラチナ・ブロンドにしてしまったり……。

でも、これは大人という権威にマチルダが報復する、ほんの序の口にすぎません。

暴力的な校長に立ち向かう

マチルダが入った村の小学校には、恐ろしい女性の校長、ミス・トランチブルがいます。すさまじい暴力的モンスターとして描かれるこの校長は、巨体で筋肉モリモリ（昔はハンマー投げの選手だったとか）、残忍きわまりなく、生徒たちを虐待するのを趣味にしているような人物です。思いきりカリカチュア化されているこのミス・トランチブルも、小さな子どもの目から「大人」がどんなに自分たちを抑圧する巨大な存在に見えるかを考えると、けっして誇張しすぎではないでしょう。

でも、一方でマチルダたちのクラスを受け持つ若いミス・ハニー先生は穏やかで暖かく、子どもたちを理解しています。ハニー先生は、文学にも数学にもすばらしい才能を持つマチルダに感嘆し、上級のクラスに入れようとしますが、校長はそれを許しません。

マチルダにはラベンダーという友達ができます。上級生のホルテンシアは校長に報復した話を二人に聞かせてくれます。驚いたことにトランチブル校長は、授業中に男の子や女の子をハンマー投げのように振り回して窓から放り投げたりするのでした。巨大なチョコレート・ケーキをむりやり食べさせられる男の子ブルーノのエピソードも、子どもの持つ底力を示して感動的です（ブルーノは全部たいらげてしまうのです）。ラベンダーも、校長の飲む水さしにイモリを入れたりして「仕返し」をします。

何百万の小さな見えない手

そしてマチルダの、自分や友達に対するトランチブル校長の不当な扱いへの怒りは、「眼力」という不思議な超能力に結集します。それはこの物語のファンタジックな部分ですが、精神を集中させることによって、物体を動かすことに成功するのです。作者は『ヘンリー・シュガーのわくわくする話』や、『魔法のゆび』でも同様のテーマを扱っています。

例の力が生まれはじめ、眼球が熱をもちはじめていた。やがて、何百万の小さな見えない手がグラスめがけてとびだしていった。彼女はまったく声をたてずに、頭の中で、グラスよひっくり返れ、とさけびつづけた（宮下嶺夫訳）

こうした力を読者に信じさせる筆力はさすがダールの独壇場であり、またハニー先生の生い立ちにトランチブル校長がかかわっていたというエピソードもストーリーとして巧みに作られています。校長がその後どうなってしまったか、マチルダが両親とどのように訣別して新しい生活を始めたかは、未読の方のための楽しみとして、ここでは語らないでおきましょう。

ダールの作品の魅力

描写はなんとも残酷で不気味。でもそのブラックなユーモアの中に人間を見る暖かな視線が感じられ、人生の真実がくるみこまれている、そしていつも「子ども」という弱者の視点から世界を眺める、そんなダールの作品は今も魅力あふれるものです。

ロアルド・ダール（一九一六～一九九〇年）はノルウェー人を両親としてイギリス・ウェールズ地方に生まれ、レプトン校に進みますが、「耐えがたい所」だったこの名門校の思い出は自伝的な『少年』に描かれています。その後、シェル石油会社のアフリカ支社に勤務。第二次世界大戦中はイギリス空軍のパイロットでしたが撃墜されてようやく生還しました。戦後、小説を書きはじめ、女優のパトリシア・ニールと結婚して三人の子どもをもうけてから児童文学も書くようになり、『おばけ桃の冒険』『チョコレート工場の秘密』をはじめ、多くの作品は世界的ベストセラーとなっています（しかしこの『チョコレート工場の秘密』の中のウンパ・ルンパ族の描写は人種差別だと糾弾され、よぼよぼのチャーリーの祖父母の描き方も酷評を受けました）。『いじわる夫婦が消えちゃった！』は、飼っている猿に毎日六時間逆立ちさせるなどの虐待をするひどい夫婦が最後に動物たちの逆襲に遭い、縮んで消えてしまうという話、『ぼくのつくった魔法のくすり』は、八歳の少年ジョージが意地悪な魔女のような祖母を、魔法の薬を使ってひどい目にあわせ、これもついには消滅させてしまう話です。これらの作品への大人の批評は分かれましたが、今も多くの子どもたちに愛読されているのは、大人たちの醜さと愚かな行動を子どもたちが面白く感じるからでしょう。

暴力的だと非難する評論家に対してダールは、自分の物語の中の暴力は、おとぎ話の中の暴力と同じように架空のものにすぎないことを、彼ら（子ども読者）は知っている、と語っています。

5

子どもの目で戦争を見つめる

被害者として観察者として

子どもたちの息遣いが感じられる

長崎源之助の作品を中心に

子どもたちは、大人顔負けの正義感、純粋な愛情や叡智を持ってはいますが、やはり「社会的弱者」であることは確かです。憲法や「子どもの権利条約」で人権は保証されているものの、経済的自由もなく、大人に庇護されなければ生存も危うくなります。そんな「弱者」としての子どもたちの存在が光り輝く時を鮮やかに描き、また権力に対して「弱者」である庶民を、さらにもっと差別された「弱者」である人びとを、子どもたちに関わらせてやはり存在感豊かに描いたのが、長崎源之助の作品です。

長崎作品といえば、作者の中国戦線での体験を踏まえて書かれた初期の『あほうの星』（一九六四年）がまずあげられますが、ここに収められた「八つぁん」「ハエ」「ハトの笛」に登場するのは、一九四四年末の「北支」で軍隊生活を送る新兵たちであり、非人間的な軍隊組織の中で痛めつけられる彼らは、やはり弱者として、後の作品の『ヒョコタンの山羊』に出てくるヒョコタンや、朝鮮人のキンサン、『ゲンのいた谷』の彦次などにつながっています。

『ゲンのいた谷』（一九六八年）は、初期の短編「彦次」を原型としています。学童疎開した子どもたちと、若い女性教師滝先生の物語でもある『ゲンのいた谷』は、戦争を知らない子どもたちに向けての工夫がこらされた作品です。

「うめぼし」というあだ名の少年が疎開先の土蔵の壁に描いた怪獣ゲンの絵が生命を持ち、子どもたちの悲しみや怒りをパクリパクリと呑みこんでしまう、というファンタジックな手法が用いられています。脱走を繰り返す彦次の涙もゲンはなめてくれるのでした。

そして「〈清水谷〉三部作」と呼ばれるのが、『ヒョコタンの山羊』（一九六七年）と『向こう横町のおいなりさん』（一九七五年）、『トンネル山の子どもたち』（一九七七年）です。物語の時代はいずれも一九三八（昭和一三）年から翌年頃、日中戦争が拡大していく時期で、舞台は横浜の清水谷という屠殺場のある地域やその近くの小さな商店街です。

『ヒョコタンの山羊』は、子どもたちの絶好の遊び場だった屠殺場の中の「豚池」をめぐって、コウちゃん、カメちゃん、ゲンちゃん、チャコちゃんなど清水谷の子どもたちと、町の子どもたちがわたりあうドラマと、母親の、豚のエサ集めの仕事を手伝っている足の悪い少年ヒョコタンと、屠殺場で働く朝鮮人のキンサンとの友情のドラマがからんで語られます。志願して甲府の連隊に入ったキンサンは、差別に抵抗して営倉入りとなり、脱走し、ヒョコタン一家にかくまわれます。このキンサンがヒョコタンにくれた山羊に、町の子どもたちが手を出した時、烈火のごとく怒ったヒョコタンが取り戻すシーンは、常に弱者の側にある作者の視線をよくあらわしていて秀逸です。

やがて、豚池は埋め立てられ、兵器工場が建つことになるラストも、子どもたちの平和を蹂躙するものは何かを明確に描いてい

『汽笛』
長崎源之助 著
ポプラ社　2008 年

て、全体に重層的な構造を持った傑作といえるでしょう。

『向こう横町のおいなりさん』も、主役は清水谷の子どもたちです。メンコ、ビー玉、紙芝居、戦争ごっこ。子どもたちの日常を活写しながら、その奥に変化していく時代と社会を描く作者の筆は冴えています。現代では見られなくなった異年令集団の子どもたち。そこで卓越したリーダー・シップを発揮する女の子エッちゃんの登場も、忘れがたいものです。そして大人としての、それぞれタイプの違う二人の紙芝居屋さんと子どもたちの交流も面白く、また、子どもたちがトンネルをくぐって保土ヶ谷へお芝居を見に行くエピソードも、一人一人の息遣いが感じられるほどの迫力です。

病身の妻と幼い子を抱えた紙芝居屋さんが召集され、出征するシーンでこの物語は終わっています。

『トンネル山の子どもたち』には、子どもたちとともに、多くの印象的な大人たちが出てきます。下町の商店街では、子どもたちの家もそれぞれ馬力屋、炭屋、せんべい屋などを生業としています。大人たちの中には、日露戦争の時の伍長で、町で出征兵士が出るたびに金鵄勲章をぶらさげて見送る、まんじゅう屋の主人のような人もいますが、何といってもすばらしい大人は、寺の娘さんのキヨコさんという若い女性です。キヨコさんは、子どもたちがトンネル山の上に秘密の城を作っている時にやってきて、一緒に歌をうたい、草笛を吹き、いろんな話をしてくれるのでした。そんなキヨコさんを、子どもたちは大好きになります。

でも、そのキヨコさんは、軍人のセイタロウとの縁談を断り、反戦思想のために拷問死した恋人の後を追って、死を選ぶのでした。

また、子どもが大好きで、「早起き会」を作ったり、ケンカの仲裁をしたりしてくれる床屋の青年ヘイさんには、作者自身の姿が投影されています。キヨコさんにひそかに思いを寄せていた、そのヘイさんも出征し、時代は太平洋戦争に向かって雪崩れていきます。書かれてはいませんが、ここで光芒を放っていた子どもたちも、やがて戦争に呑みこまれていくのです……。

作者の反戦の思いは、若い女性のキヨコさんに託されています。

その他、戦争の本質に取り組んだ長編『忘れられた島へ』や、『えんぴつびな』『とうちゃんの凧』など数々の絵本、幼年童話を含めた長崎作品にはすべて、平和への思いがこめられています。、それがけっして観念的ではなく、登場する子どもたち、大人たちのすべてに陰影があり、存在感があること、常に「社会的弱者」の側に立つ姿勢が一貫していることも、長崎作品の特徴だと思います。

また、最晩年の作品『汽笛』（二〇〇八年）は、短い絵童話ですが、作者の文学の集大成としてとても重要な一冊です。ここでは、作者自身の戦争体験と、ナガサキで被爆した子どもたちが、シンプルな形で結びつけられ、ラストの、平和を祈るような汽笛の音が、読後にいつまでも残ります。絵本『ひろしまのエノキ』を感動して読んだ小学生の女の子が、やがて編集者となってて作った本がこの『汽笛』だったというエピソードも心打たれるものでした。

長崎源之助さんはご自宅を解放して、地域の子どもたちのために『豆の木文庫』を長く主宰され、また、子どもの本に関わる多くの方々を育てられました。先日、その方々による「よこはま文庫の会」にお招きを受け、神奈川近代文学館で「長崎文学と平和」について語る機会をいただきました。長崎さんは、二〇一一年の春、東日本大震災と原発事故の三週間後に八七歳で世を去られましたが、その平和への思いが、次の世代にも脈々と受け継がれていることを嬉しく思ったのでした。

青空に浮かぶ小さな証人たち

おおえひで『八月がくるたびに』を中心に

日本の八月。戦争という愚行を繰り返してきた人類に未来はあるのかという問いが、真夏の太陽の下で重たく響いてくる季節です。原発事故による放射線被爆の恐ろしさから、若い世代にも核廃絶の動きがひろがっていますが、原体験としてのヒロシマ・ナガサキの記憶も、けっして風化してほしくないものです。

戦争を知らない若い人びとに向けて書かれた、戦争に関する本、それはフィクション、ノンフィクション、絵本……といったさまざまな形をとり、便宜的に「戦争児童文学」と呼ばれていますが、世界的に見てもその数は多く、特に日本では多くの作品が書かれています。それは、次の世代に戦争の愚かさをしっかり伝え、戦争と訣別した未来を作ってほしい、という大人たちの思いの結晶でもあります。

海外の「戦争児童文学」に最も多く見られるテーマはやはり第二次世界大戦下のユダヤ人迫害（ホロコースト）ですが、日本の場合は、空襲や戦時下の人びとの暮らしなどを描く多くの作品がある中でも、とりわけ数多いのが「原爆」に関わるものです。特に広島の原爆については敗戦後六年の時点で子どもたちの被爆体験をまとめた『原爆の子』(長田新編)が出されて以来、一九六三年には大野允子らの短編集『つるのとぶ日』が出され、それからも『ふたりのイーダ』(松谷みよ子)や『あるハンノキの話』(今西祐行)のような、フィクションとしての工夫がこらされた作品をはじめ、多くのすぐれた作品が書かれています。しかし、なぜ原爆が落とされたのかに関わる、日本の侵略戦争という大きな視点は、作品の中でほとんど語られておらず、それが日本の「戦争児童文学」の問題点のひとつともいえるでしょう。

一九四五年八月九日、広島に次いで世界で二番目の原爆が長崎の浦上の町に落とされました。その長崎の原爆の物語は、広島と比較して少ないといえます。今回、ご紹介するおおえひでの『八月がくるたびに』(一九七一年)は、その長崎の原爆をあつかったもので、悲惨きわまりない状況を描きながらも、その子どもの心に添った柔らかな筆致と、独特の詩的なイメージによって、「原爆児童文学」としての記念碑的な作品とされています。

物語は、原爆投下から二〇年後、浦上天主堂の丘に立って、美しい八月の青空を眺めている二五歳の女性きぬえと、山下のおばさんの会話からはじまります。

青空には船のような白い雲が浮かび、そこには天国からきた子どもたち——原爆の小さな証人たちが乗っている……とおばさんは言います。

今も顔にケロイドが残っているきぬえは、原爆が浦上の町に落とされた時、まだ五つでした。夾竹桃の花びらを、おままごとのご飯にして、きぬえは人形のマルちゃんと遊んでいました。

五万度の爆風は、一瞬にしてきぬえを吹き飛ばしますが、幸いに川へ落ちて助かります。畑にいた兄のきよしとおじいさんは、爆風を受けますが、家に戻ります。でもそこできよしは、家の下敷きになって焼け死んだ母さんがひとかたまりの焦げた骨になっているのを見たのでした。

浦上の町の、胸がつぶれるような光景。妻を、夫を、子を失い、さまよう人びと……。でもきよしときぬえは、やさしい大人たちに支えられ、父さんも中国の戦線から帰ってきます。しかしきよしの小学校では全校で一二〇〇人の生徒が亡くなり、生き残ったのはきよしたち四人だけでした。そしてきよしもまた被爆のために入院し、ノートに「青空がきらいになる」と記して死んでいきます。

こうした現実を描きながらも、子どもを見つめる作者の目は暖かく、情感に満ちています。

そして冒頭では青空に浮かぶ雲に乗っていた子どもたちの幻は、ラストで公園での平和祈念式に参加する人びとのデモに合流するために、白いベールをかぶって再び現われるのです。そのイメージはとても印象的で、私の中でいつまでも残像となって、消えることがありません。

あの子たちが、きたんだわ。ほんとに、キラキラ光ってきたんだわ！
きよしも、二郎も、花ちゃんも！
それからミホちゃんも、めぐみちゃんも。
まだ、みんな、みんなね！

と、走りながら懐かしいみんなの名を呼ぶきぬえ。静かな声で語られる物語に、けっして原爆を風化させまいとする強い意志を感じるのです。

作者は一九一二年、長崎県西彼杵郡高浜村（現在は野母崎市）に生まれ、三一年に東京で検定試験により資格を得て保育園に保母として勤務しました。長崎の原爆で、姉とその五人の子どもたちを失うという体験が、童話を書きはじめる原点となりました。一九六一年に『南の風の物語』を出版します。これはのびやかな南国の風土の中で生きる人びとを、船端に寄せる波のような詩的な文章で描いた作品でしたが、すでに原爆はオーバーラップして語られていました。

一九七二年に出された短編集『りよおばあさん』には、原爆をテーマにしたものが二つ収められています。「浦上の町で」は、焼け野原になった浦上の防空壕の中で出会った小さな孤児の男の子と、まったく見ず知らずのおばさんが、その後も一緒に暮らし、小さな花屋さんを開くという物語ですが、ここでも子どもたちが「証人台」に立つ日を待っているという思いが語られます。また「インタおばさん」や「灰いろのへいのそとで」という、六〇年から七〇年代の学生運動に思いを寄せた作品もあります。また「あくまは長ぐつをはいてきた」という作品は、日本軍が中国の村で人びとを虐殺した「平頂山事件」をテーマにしたもので、中国の幼い少女が聞く日本軍の軍靴の音を、ぎゅっく、ぎゅっくという悪魔の長ぐつの音と表現しています。村人たちを「写真を撮ってやる」とあざむいて皆殺しにした事件をこのように描いた作品は、「被害」を描くことばかりに徹していた日本の児童文学に例を見ないものでした。

作者の故郷である海辺の村の人びとを描いた短編集『海べの小さな村で』（一九七八年）には原爆は出てきません。しかし、ここに登場する子どもたちと大人たちは、日常の暮らし、特に海にまつわる生活の中で、実に自然に活き活きと、愛情をこめて描かれていて、作者の人間描写の確かさを改めて感じさせられます。

作者は一九八五年に再び長崎の原爆をテーマとした長編『浜ひるがおの花が咲く』を書き、海で仕事をしている仙三じいさんが、原爆の落ちたことを知り、息子や孫の安否を尋ねていく姿を描いています。ここでも、海に引きこまれた子どもの幻が仙三さんを訪ねてくる場面や、爆風でセンダンの木ごと飛ばされた女の子の、浜昼顔模様の浴衣などが、いつまでも心に残ります。

私は、在日二世の卞記子《ピョンキジャ》さんとともに、読者として江古田のお宅におおえひでさんをお訪ねしたことがありました。静かなおおえさんは多くを語られませんでしたが、とても喜んでくださいました。それからまもなく、青空の小さな証人たちの傍らに帰られたのでした。

まっすぐに、へこたれず生きていく

権正生《クォンジョンセン》『モンシル姉さん』を中心に

お隣りの国の児童文学

二一世紀に入ってからの海外児童文学や絵本の翻訳紹介でいちばん大きな変化は、韓国や中国、台湾のすぐれた作品のいくつかの翻訳・出版が試みられるようになったことでしょう。といっても圧倒的に欧米志向が強い翻訳児童文学では、まだまだわずかであり、翻訳・紹介者と出版社の努力がその背後にあります。韓国の代表的な児童文学作家で、二〇〇七年に亡くなった権正生《クォンジョンセン》の長編『モンシル姉さん』（一九八四年）や『わら屋根のある村』（一九八五年）、そして絵本『こいぬのうんち』（一九九六年）も、私たちは今世紀になってようやく知ることができたのでした。今回は、まだまだまだ読まれる機会の少ない韓国児童文学を、権正生の作品、特に『モンシル姉さん』を中心にご紹介したいと思います。日本では卞記子《ピョンキジャ》さんの訳で二〇〇〇年に「てら

『モンシル姉さん』
権正生著
てらいんく　2000年

いんく」より出版されました。

朝鮮戦争のさなかで

一九五〇年六月二五日に始まった朝鮮戦争は、朝鮮半島を二つに分断する原因となった民族の悲劇で、人びとは戦火を逃れ、故郷を離れて避難民としての苦しい旅に出なければならず、また人民軍と国軍に分かれて争ったことは人びとに大きな心の傷をもたらしました。そのもともとの原因はやはり、三六年間の日本の植民地支配にあったといえます。解放後三八度線が作られ、北半分はソ連が、南半分はアメリカが占領し、戦争が始まりました。南北に離散した多くの家族は今に至るまで引き裂かれています。しかし皮肉なことに、日本にはこの戦争の特需による景気がもたらされ、アジア・太平洋戦争後の復興につながったのでした。そんな戦争が、『モンシル姉さん』の背景にあります。

一九四七年の春、日本の植民地支配からの解放から一年半後、物語は始まります。七歳の少女モンシルは、母さんに連れられて村の家を出、汽車に乗って新しい村へ行きます。モンシルの父さんは出稼ぎをしていますが稼ぎが少なく、食うや食わずの貧乏暮らしの末に、母さんは暮らし向きのよい新しい夫、金主事のもとへ行ったのでした。そして母さんはヨンドギという男の子を生みます。幼いモンシルは辛い家の用事をすべてこなさねばならず、また金主事の怒りにふれて庭に突き落とされ、片足が不自由になってしまいます。

本当のお父さんが出稼ぎから帰ってきたというので、モンシルは迎えにきた叔母さんとともに、母さんと別れて元の村に帰りますが、父さんのもとには新しい母さんが来ます。でも新しい母さんは身体が弱く、女の子の赤ちゃんナンナミを生んだ後、亡くなってしまいます。そして朝鮮戦争が始まり、父さんは戦場にかり出され、足の不自由なモンシルはただひとり、幼いナンナミを背負い、生きていかねばならないのでした。

どんな時も希望を失わず

モンシルは、村の夜間学校で若い崔先生が話してくれたように、物事をじっくり考えて見きわめ、「人生の道」を歩んでいくことを心に刻みます。

村には人民軍の部隊が次々とやってきて、国軍に協力した人びとを銃殺します。しかしモンシルは人民軍の若い兵士たちの情《なさ》けにも触れる経験をするのでした。ナンナミを連れて、住みこみで働いたり、「乞食」として残飯を貰い歩いたりするモンシル。父さんはやがて戦場から帰ってきますが、脚に大ケガをしていて働くことができず、自暴自棄の状態となっています。モンシルは前の母さんの家を訪ねますが、母さんは死産のあと、心臓病で亡くなっていました。モンシルは親切な近所のばあちゃんに、無料で診察が受けられる釜山の慈善病院のことを聞き、ナンナミをばあちゃんに預けて病院に父さんを連れていきます。でも患者の列はは延々と続き、並んで一六日も待った末、病院の玄関前までやっと来た時に父さんは亡くなってしまうのでした。

でも、モンシルは希望を失わず、ナンナミや前の母さんが生んだヨンドギ、ヨンスニの姉さんという自覚を持って、困難な時代をへこたれることなく生き抜いていきます。

「……父さんも母さんも、両方悪くないわ。悪者はほかにいるのよ。どこかでだれかが悪くしてるのよ。罪のない人たちがおたがいに殺したり殺されたりするのは、だれのせいなの……」(卞記子訳)

この物語も、七〇年代末に雑誌に連載された時には南北を相対化した視角で描いているということで連載が中断されたりしました。しかし勇気を持って作者は書き続けたのでした。『モンシル姉さん』は一九九〇年代にテレビドラマ化され、韓国で大変な人気となった作品でもあります。

低くされているものの視点から

『わら屋根のある村』(仲村修訳、てらいんく)では、子どもたちがその家族とともに体験した朝鮮戦争が、子どもの感覚を通して描かれています。一人ひとりの子どもたちの苦しみ、悲しみが伝わってくるすぐれた長編で、作者の力量を感じさせます。子どもたちは戦争の原因がどこから来たのかを考えぬき、共産主義、資本主義がどんな資格があって人間の生命を奪っていくのかと口惜しがります。今もソウルの書店に行くと絵本ベストセラーの上位に入っている名作絵本『こいぬのうんち』(チョン・

スンガク絵、邦訳は平凡社）も権正生の代表作です。最も低く価値のないものとされている子犬の糞が、一輪の美しいタンポポの花を咲かせるというストーリーは、作者の思想がシンプルな形であらわされていて、見事な絵とともに日本でも多くの子どもたちに愛されています。

権正生は東京・渋谷に生まれ、子どもの頃東京大空襲にも遭い、敗戦の翌年故国に帰ります。東京での思い出を舞台にした長編『悲しい下駄』（卞記子訳、岩崎書店）も出されていて、この中で作者は朝鮮人の子どもも日本人の子どもも、大人たちの戦争の犠牲になったことでは同じだ、という視点を貫いています。

ほかにも『オンマの白いチョゴリ』（高正子訳、海風社）や絵本『黄牛のおくりもの』『あなぐまさんちのはなばたけ』、遺作の絵本となった『きじのかあさん』『とうきび』（日中韓平和絵本、童心社）などが紹介され、『子どもたちの朝鮮戦争』（仲村修訳、素人社）にも短編が収録されています。安東《アンドン》の教会の鐘撞きの仕事をしつつ、清貧の一生を終えた権正生は、今も世界で戦争のために被害を受けている子どもたちへの基金として、すべての印税を寄付されたと聞いています。

今も、シリアやソマリアなどで内戦に巻きこまれ、苦しんでいる多くの子どもたち。「モンシル」は、漢字表記にすれば「夢実」というかわいい名前です。平和の夢が実を結ぶという祈りがこめられているようです。

また、今私の机上には美しく楽しい新刊の韓国絵本『ハンヒの市場めぐり』（カン・ジョンヒ作、おおたけきよみ訳、光村教育図書）があります。こうした絵本や児童文学を通して、東アジアの文化交流が深まることが、平和を作り出す大きな一歩となることを信じています。

曇りない子どもの目で戦争を見る

ネストリンガー『あの年の春は早くきた』を中心に

被害者であり観察者である子ども

先日、国連で公表された二〇一四年の「子どもと武力紛争」の報告書によると、この年に戦争に巻きこまれて犠牲になった子どもの数はアフガニスタンで七一〇人、イラクでは六七九人。イスラエルとの大規模な戦闘が続いているパレスチナ自治区では五五七人の子どもたちが死亡しています。また子どもを少年兵として徴用している組織も後を絶ちません。現代では子どもの犠牲がこうして報告されますが、戦争の世紀だった二〇世紀の子どもの死者数は、特に日本においては原爆や沖縄戦、各地の空襲を含めてまったくカウントされていないのが現状です。

でも子どもたちは、見捨てられた哀れな小さい犠牲者だっただけではありません。生命力と子どもらしい叡智を発揮して逆境を生き抜いたり、またその曇りない目で戦争を、そしてその中の大人たちを見つめる観察者であったりもしました。

こうした子どもの視線を考える時、まず思い浮かぶのはオーストリアの作家ネストリンガーの代表作である『あの年の春は早くきた』（上田真而子訳、岩波書店）です。作者の原体験にもとづいたこの作品は、「わたしは八歳だった。ウィーンのヘアナルス地区に住んでいた」と、少女クリステルの一人称で語り始められます。

空襲の惨禍のなかで

一九四五年、第二次世界大戦末期のウィーンは連日、激しい連合軍の爆撃を受けています。物心《ものごころ》ついた時から戦争で、空襲にも慣れっこになっていた「わたし」ですが、（考えてみれば日本の子どもたちも同じ頃、空襲のただ中にあり、親元を離れて疎開したりしていました）周りの大人たちの反応はさまざまです。気性の烈しい祖母は、こうした日常に自分たちを追いこんだのはヒトラーだ、と容赦ない悪態をつきます。でも、同じアパートの二階に住んでいるブレナー夫人は熱心なナチス協力者で、「ハイル　ヒトラー！」とあいさつし、隙《すき》あらばわたしの祖母をゲシュタポ（秘密警察）に密告しようとしています。近所に住むハニーおばさんは、戦争と空襲のせいで気が狂ってしまい、警報のたびに「カッコウが鳴いてるよ！」と叫びながら通りを走りまわっています（ラジオの警戒警報はカッコウの鳴き声でした）。そしてこうした大人たちの一部始終を見つめている八歳のわたしの透徹した目……。またその目は戦闘機がとぎれなく爆弾を落とすありさまも直視し、真珠の首飾りが飛行機のおなかから出てくるようだ、と感じたりするのです。

大人たちは食料を略奪する

そんな時、前線で負傷した父がウィーンに戻ってきます。アパートは爆撃で半分となってしまいました。最後のナチスSS（親衛隊）が去り、人びとはすでに近郊に迫ったソ連軍の侵攻におびえます。一家は祖父母だけを半壊した家に残し、別荘の番人として郊外に移り住みます。ここでわたしは隣家の子どもたちと出会い、子どもらしい活発な交流が生まれます。子どもたち自身も空き家になった近所の家からビン詰めの食品などを取ってきますが、大人たちがナチスの党員たちの倉庫から食料品を略奪する場面は、強烈な印象を持って迫ってきます。

ついにソ連兵たちはやってきて、別荘を占拠し、家族たちは屋根裏に避難しますが、わたしはソ連兵を恐れず、その言動を興味深く見つめます。父はそんなわたしを「世界一ばかな子だ」と怒鳴りつけますが、その時「わたしはばかじゃない。父ちゃんがばかだ！　ナチスが逃げて、戦争は終わったんだよ！」と叫ぶわたしに、「この子のいうとおりだ」と父は認めるのでした。

酒に酔ったソ連軍の曹長が落としたピストルを子どもたちが拾って、庭の小人の手押し車に隠し、大騒動になる、といったエピソードも語られます。

わたしはそんな中で、レニングラードから来たという、奇妙な風采《ふうさい》をした小人のような炊事兵のコーンと仲良しになります。「まあいいよ、まあいいよ」というのが口癖のコーンは、わたしにいろいろなことを話してくれます。このコーンの助けによって、わたしは瓦礫の家にそのまま住んでいる祖父母のところに、厳しい検問を突破して行ってみることができました。でもそこには、別人のように心弱くなった祖母がいたのでした……。

物語は、やがてソ連兵も去り、検問所もなくなり、一家が町へ戻るところで終わります。

「戦争の話じゃないのよ」

子どもと戦争が関わる貴重な証言は、さまざまなすぐれた「戦争児童文学」に結晶しています。しかしそれは資料としてのみ価値があるのではなく、文学作品として読者が興味深く読めるものでなくてはならない、と長谷川潮さんは述べています（『世界の子どもの本から「核と戦争」がみえる』参照）。ネストリンガーの本書は「戦争児童文学」の典型のような作品ですが、ドイツのペーター・ヘルトリングの『ひとりだけのコンサート』の中に、主人公の少女が誕生日に母から一冊の本を贈られる場面があり、それはこの『あの年の春は早くきた』なのです。その時母は「戦争中の話だけど戦争の話じゃないのよ」といって渡します。想像力によって再構成された物語は「文学」であり、「戦争」をこえてひとりの子どもの成長と魂の出会いの話となっている、という意味でしょう。

オーストリアでの戦争体験を題材とした物語は、ほかに『空白の日記』（ケーテ・レヒアイス作、福音館書店）があり、やはり少女レニーの視点から、日常の中でのさまざまな人間たちのドラマがていねいに描かれ、すぐれた児童文学作品となっています。

子どもの感性で権力に立ち向かう

一九三六年、オーストリアのウィーンに生まれたクリスティーネ・ネストリンガーは、「私は自分が知っていることしか書けない。だからインディアンや映画スターについては書けないが、空飛ぶ猫とか、脳も心臓もあるジャガイモとかについてはよく知っているので書ける」（本書・訳者あとがきより）と述べています。

『かんづめぼうやコンラート』は、バルトロッティおばさんのところに工場で作られた男の子が缶詰に入って配達されるという愉快なお話ですが、辛辣な文明批判をこめながらも最後には二人の人間的な交流が生まれ、「誤配」だったと引き取りにくるのをおばさんは拒みます。『きゅうりの王さまやっつけろ』は、ぼくの家の台所に、王冠をかぶった大きなおばけきゅうりがあらわれるという、これもユニークな設定ですが、地下室の王国から追放されたきゅうりの王さまと、家庭の中で権威を失墜しているぼくのお父さんとが結託して繰りひろげる騒動を描き、学校生活もまじえて面白く描かれます。

ほかにも、守護幽霊のローザと子どもたちが仲良くなる『みんなの幽霊ローザ』、生徒を矯正するコンピューターを開発した高校教師ブラネークを子どもたちがみんなでやっつける『ブラネークはあやしいぞ』、メルヘン風の『空からおちてきた王子』など、子どもの感性を生かしたとても楽しく自由な発想の中にも、人間性を破壊するものや権力に立ち向かう姿勢が見られる作品が多く、子ども読者の圧倒的な支持を受けている作家です。その原点ともいえる作品を今回はご紹介しました。ネストリンガーは一九八四年の国際アンデルセン賞を受けています。

ヒロシマの心を伝える原点として

童話集『つるのとぶ日』を中心に

原爆投下後一七年目の出版

大切な一冊の童話集があります。それは今ではほとんど図書館の保存書庫に眠っていることも多いのですが、広島、長崎に原爆が投下されてから七〇年以上が経過した現在も、ここに収められた四人の書き手による一七編の童話は、たった今、折り紙で折られた鶴のようです。そしてその鶴たちはたしかに多くの子どもや大人たちに物語という形でヒロシマの思いを伝える端緒となり、後に続く多くの作品の原点となったのでした。

原爆投下、そして敗戦後、日本は一九五三年のサンフランシスコ講和条約の発効までアメリカの占領下におかれ、プレスコード（新聞紙法）が発令されて言論統制となり、原爆報道もすべて禁止されていました。原民喜や峠三吉、井伏鱒二などの文学は、こうした統制下で死を賭して書かれたものでもありました。丸木位里・俊夫妻の絵本『ピカドン』（一九五〇年）は発禁処分となっています（その中で五一年には子どもたちの手記を長田新が編んだ『原爆の子』が出されました）。

しかし、講和条約以降も、原爆を描いた子どものための文学はなかなか世に出されませんでした。広島の同人誌「子どもの家」の書き手たち、大野允子、宮本泰子、山口勇子によってこの『つるのとぶ日』が東都書房より刊行されたのは、原爆投下から一七年の歳月が経った一九六三年のことでした。この童話集の刊行に大きく関わった菅忠道は、その遅かった理由を「日本の児童文学の非力」の結果だとしています。

目をあけて、見なきゃならないことがある

しかし、その歳月は一つ一つの作品を祈りのように昇華させたのでした。冒頭の「川のほとり」（大野允子）は、美しかったけど今は骨だけになってしまった原爆ドームそのものが体験した物語です。あの朝、ドームがついている建物の四階の窓からひとりの少女が顔を出して、朝日に染まった町を眺めていました。この建物で働いている少女は、朝課長さんにお茶を出してから四階に駆け上って窓を開くのです。その時、ドームの真上で原爆は炸裂し、少女は溶けてしまいます。でもその魂は残り、骨だけになったドームの間を風のように駆けめぐり、「どうして私はこんなになったの？」と叫び続けます。「ないていたさくらの木」（宮本泰子）や「夜のくすのき」（大野允子）は、ともに原爆が落ちた日、年を経た桜の木や樟の木が見た人びとの死を描いています。

「びんの中のお米」「兵隊さんのくつ」（ともに宮本泰子）は、原爆記念館に残された黒こげの靴や、びんに残された物語を素材としています。

「かげをわすれた人」（宮本泰子）は、あの石段に焼きつけられた影の持ち主が、天国から影を探しにくる話。「雪がふる日のこと」（大野允子）では、ぼくの母さんが建物疎開の作業に行く途中で被爆し、腫れ上がった顔と焼けただれた身体で帰ってきます。三歳の妹は「母ちゃんじゃない」といって泣きます。でも父さんがぼくに語る、「目をあけて、見なきゃならないことがある。そしてかんがえなきゃならんのだよ」という言葉がとても心に残ります。

平和の旗を持って行進に参加する

その次には、原爆の後遺症を描いた作品が六編続きます。「グリーンの車」（大野允子）は原爆症の検査のため、ＡＢＣＣ（原爆の影響を調査研究するアメリカの機関）に迎えの車で通うママと、原爆の恐ろしさをしらないミヨの話ですが、「どうせモルモットなんだからね」というママの言葉に、原爆の惨禍をもたらしたものへの強い告発が感じられます。「三郎のきょうのできごと」（山口勇子）の主人公は、父を交通事故で亡くし、母を原爆症で失った三郎です。外国人記者の荷物持ちのアルバイトをしている青年と出会った三郎は、チキンライスをおごってもらい、青年もまた幼い時に両親を原爆で亡くしたことを知ります。でも、ちっともへこたれていない「荷物のにいさん」は、「もうあんな原爆なんか、水爆なんか、かってにぽかすかおとさせるもんか」と言い、原水爆のない世界を目指して二人は明るく生き抜こうとするのです。「白いひげのおじさん」（御手洗旬江）では、原爆病院の窓からいつも三郎やけん坊たち子どもを眺めている白いひげのおじさんが、病院のお祭りの時に子どもたちに昔話をしてくれます。「おもしろかった」という二人に、おじさんは「おじさんの話をおぼえていてくれたら、きみたちの中におじさんがいることになる」と言います。いずれも、きびしい状況の中で子どもたちと積極的に関わっていこうとする大人の姿が印象的です。

最後の四編は、被爆地にフェニックスのように立ち上がり、平和を訴えていく人びとの姿を描いています。「洋子の旗」（山口勇子）では、小学校一年生の時、母の作ってくれた「平和・洋子」の旗を持って原爆慰霊碑までの平和行進に加わった洋子の物語で、三年生になった時、母は白血病で亡くなります。新しくきた母も旗を作ってくれ、また洋子は平和行進に加わります。戦争のない世界を目指して……。

表題作の「つるのとぶ日」（大野允子）では、佐々木禎子（サダコ）をモデルにした「原爆の子の像」をめぐるカズエという少女の複雑な思いを描いています。

「自分たちの願いとはまったく反対のほうへ、大人の社会は動いているように見える」と思うカズエに、サダコの像は「つるのとぶ日だってあるわよ」と語りかけます。平和な空に、折鶴たちがとぶ日、その日が来ることをカズエも願うのです。

多くの作品の原点として

童話集『つるのとぶ日』については、そのひたむきな純粋さ、素朴さが評価されるとともに、戦争の全体像が描かれない、軍都広島の加害の側面も忘れてはならないなどの批判と反省がありました。

しかしこの一冊が、その後次々と書かれていく「原爆」をあつかった児童文学の原点となったことは間違いありません。大野允子、山口勇子のその後のすぐれた作品群をはじめ、竹田まゆみ、吉本直志郎、山下夕美子、中澤晶子、那須正幹などの作品につながり、また三浦精子などの努力によって刊行された「原爆児童文学全集　全三〇巻」や中沢啓治の『はだしのゲン』、にもつながっていくものです。また『夕凪の街桜の国』（こうの史代・コミック）や『光のうつしえ』（朽木祥）などの若い世代にも、バトンはしっかりと渡されていると思います。

事実を「物語」として伝えていくことの難しさは、戦争と平和に関わる児童文学の大きな課題です。その嚆矢《こうし》となった、四人の作者による『つるのとぶ日』は、再び核廃絶・反原発が運動として広がりを見せている3・11以後の現在にも、もっと読まれてほしいと願います。

なお、「原爆児童文学」については、一六年かけて上梓された、阿部真人・阿部雅子夫妻の『原爆を伝える子どもの文学』（渓水社）という、たいへん貴重な論考があります。

広島平和記念資料館の展示見直しにより、原爆投下直後の被爆者のようすを人形を使って再現したジオラマが撤去されることになったと知りました。若い世代に体験を伝える直裁な表現としてのジオラマの撤去を残念に思うとともに、文学もまた、風化させ眠らせることなく大切にしていきたいと思います。私の住む市の図書館では『スカーフは青だ』（山口勇子）も『見えないトゲ』（大野允子）も開架部分にはなく、保存書庫に眠っていました。

6

子ども性ってなんだろう

永遠なるものと交感する

子どもの形をした穴が胸に

ウェストール『海辺の王国』を中心に

一九世紀初めに詩人のワーズワースやコールリッジたちによって、すでに「子ども性」（チャイルドネス）の大切さが指摘されていたイギリスは、やはり「児童文学」の先進国で、すぐれた作品が数多く生み出されています。「子どもと大人」というテーマで選びたい作品も山ほどありますが、今回は私が好きな作家であり、また私の親友である坂崎麻子さんが訳されている『海辺の王国』を選ばせていただきました。

少年と犬のシルエットが、夜の海辺の崖を駆けています。対岸からは巨大なサーチライトの光が延び、空には多くのドイツ爆撃機の影が。おそらく対空砲の音も響いているでしょう。この表紙絵が語るように、これはイギリスが第二次世界大戦の戦時下にあった一九四二年の物語なのです。

イギリス北部の、北海に面した地域ノーサンバーランドに住む一二歳の少年ハリーは、ある夜の爆撃で家族より一足早く防空壕に入ったために、両親と妹、そして家を爆撃で失うことになります。

ひとりさまようハリーは海岸の砂浜に出て、そこでやはり空襲を生き延びたシェパード犬のドンに出会い、伏せられたボートの下を掘って当座の住まいとします。空腹に耐えかね、ポケットにあった二シリング銅貨でフィッシュ・アンド・チップスの店へ行きますが、意地悪い店主に犬を連れてきたといって怒鳴られます。でも足りないお金を加えてくれた親切な女の人もいました。わずかな食べ物を分けあいながら、そして爆撃に脅かされながら、ハリーとドンは海辺を歩いていきます。

海辺でのさまざまな出会い

雨にあって逃げこんだ、放置された古い電車の車両の中には、「旅人へ」というメモがあり、食料やベッドが備わっていました。そして笑っている家族の写真……。でもそれは空襲で亡くなった牧師一家のものだとわかります。父親の老人が近くでその「宿」を守っているのでした。ハリーは自分の家族も空襲を受けたことを話そうとしますが、老人の苦しみを思ってやめます。

海辺の崖下の小屋で、ハリーは変わった風体の男に出会います。ジョセフというこの男は、ハリーに浜辺で石炭や海草を拾うやり方を教えてくれ、砲撃のあとで死んだ魚を採る方法も伝授してくれます。でもハリーが警察に突き出されないように気を配ったジョセフは、「おれの知ってることはみんな教えた。これからは海がおまえのおふくろやおやじになってくれる。あばよ」と、ハリーを去らせるのでした。

こうして海辺で生きる方法をジョセフから学んだハリーは、古くなった国防市民軍のトーチカを見つけ、そこを仮の棲家《すみか》とします。そしてその近くの対空高射砲のところでアーチーというひとりの兵隊に出会います。妻と息子が疎開しているという伍長アーチーは、砲撃のやり方をハリーに教えてくれ、また兵舎に連れていってくれるのでした。

兵舎でハリーは人気者となり、兵隊たちの使い走りを引き受けます。親切なアーチーは、ハリーが家族を失い、トーチカで暮らしていることを知って驚きます。

しかしハリーが出会う人の中には、冷酷で非情な人物もいます。マーマン伍長は、その傲慢きわまりない性格ばかりでなく、ハリーを強引にホモ・セクシュアルの対象にしようとするのでした。アーチーは彼を殴り、危険は回避されますが、ハリーは大好きなアーチーと別れて再び旅を続けねばなりません。

マーガトロイドさんとの出会い

マーマンはその後もハリーの夢に繰り返し現われ、ハリーは世界を大きく冷たい黒い穴として感じます。けれどもそれからユニークな老婦人の家で世話になったり、「聖なる島」リンディスファーンに渡り、子どもたちの襲撃を受けますがドンの活躍のおかげで助かったり……という経験の後に、ハリーには大きな出会いが待っていました。

一人の男が車から降り、ハリーを乗せ、怪我をしているドンを獣医に連れて行ってくれます。その人は、マーガトロイドさんでした。

マーガトロイドさんはハリーをネコやヤギ、ガチョウなどのいる家に連れていきます。ハリーは用意された少し大きい男の子の服を着ますが、写真立てにはその服を着た少年の写真がありました。マーガトロイドさんは、イギリス海軍の士官候補生だった一八歳の息子を、日本軍との海戦で失っていたのです。

ハリーはマーガトロイドさんとともにヘッジホープ山に登り、「世界中を見わたす」ような思いで、人生は果てなく続くすばらしいものだと感じ、失った家族たちが遠く、小さくなるのも感じて涙を流します。そして、マーガトロイドさんの胸には、子どもの形をした穴が開いていて、それを埋めてほしいのだ、と理解するのでした。

この人のもとを去らないと決心したハリーですが、最後の厳しい試練が待っていました。

物語は思いがけない展開を見せ、けっして大団円のハッピーエンドとはいえないシビアな結末を迎えます。マーガトロイドさんはハリーの家族が、空襲で亡くなったのではなく、貧しい人たちの居住区に身を寄せていることを突きとめ、ハリーを連れていきます。しかし再会した家族たちは、大きな世界を彷徨してきたハリーにとって、あまりに小さい世界の住人と感じられました。父親は、ドンを憎しみの目で眺め、「この犬を死なせろ」とまで言います。苦労したために、自分たちを憐れむ心だけになってしまった家族……。

マーガトロイドさんはドンとともに去り、ハリーは一応家族と暮らすことになりますが、いつかかならずあの「海辺の王国」に帰ろう、と決意するところで物語は終わります。

「海辺の王国」とは何か

ハリーにとって、愛するドンとともに、さまざまな人びとと出会い旅してきたこのノーサンバーランドの海辺こそ、大きな世界の存在を暗示してくれる場所だったのだと思います。

作者は「これは戦争についての本ではない。さびしさ、思い出、生きつづけること、誠実、海についての本である」と述べています。しかし、マーガトロイドさんが息子を戦争で失った体験は、そのまま作者ウェストールの体験でもありました。

ロバート・ウェストール（一九二九〜一九九三年）の最初の作品は、ひとり息子のために書いたといわれる『機関銃要塞の少年たち』で、やはり空襲下の物語です。高射砲弾の弾頭などを集める少年たちと、不時着したドイツ兵が仲間になるこの作品は、一九六七年のカーネギー賞を受けました。その後の多くの作品の中で『かかし』や『ブラッカムの爆撃機』『猫の帰還』『クリスマスの猫』などが日本でも紹介されているウェストールですが、遺作となった『弟の戦争』では湾岸戦争を舞台とし、フィギスという不思議な能力を持つ子どもが、新聞写真で見ただけのエチオピアの飢餓に苦しむ子どもたちやイラクの少年兵に同化してしまう物語です。人間、特に子どもたちの濃密な存在感とともに、他者との出会い、そして融和という大きなテーマが、子どもの持つ力への信頼とともにウェストールの多くの作品に示されています。その中でも、この『海辺の王国』は、人間が生き続けるための根源的なものが何によってもたらされるかを描いた力作だと思います。

子どもと宇宙の交換の場所として

宮沢賢治『種山ヶ原』を中心に

宮澤賢治は、多面体の宝石のような存在で、詩人・科学者・宗教者・教育者など、どの面をとっても賢治らしい耀きが見られます。賢治は明治二九（一八八六）年の三陸大津波の年に生まれ、やはり岩手県沿岸に大津波があった昭和八（一九三三）年、そのあまりにも短い生涯を終えました。その作品は後に多くの人びとを魅了し、また東日本大震災と原発事故の後も、「雨ニモマケズ」の詩が被災した人びとを励まし、世界各地で朗読されたりしました。

こんな賢治ですが、生前に詩集を自費出版したほかは、童話集『注文の多い料理店』一冊しか出版しなかったことはよく知られています。でも多くの作品が兄の清六さんや研究者たちによって保存され、復元されて、後の読者に届いたのでした。そして何といっても賢治の多面体のいちばん中心に輝く部分は「児童文学」ではないか、と私は思っています。それは賢治の描いた実際の子どもたちの像が、一人ひとり活き活きとして、とてもすばらしいからです。「銀河鉄道の夜」のジョバンニやカムパネルラは、作者の思念が形となり、ある特別な使命を担った子どもたちと言えますが、ほかに、ごく「普通」の村の子どもたちを描いた作品が多くあり、そのすぐれた描写に「児童文学」を感じるのです。

賢治が「イーハトーヴ」と名づけた世界の中では、動物たちや植物たちばかりでなく、すべてのもの、ドングリや電信柱や岩や石や山々の峰までが生命を持ち、歌ったり語ったりします。それらは子どもの心と深く共鳴していますし、素朴で純真な「山男」にも「子ども性」が感じられます。

でも、実在としての村の子どもたちを描いた作品も、なんと精彩を帯びていることでしょう。「村童スケッチ」と呼ばれる(特に賢治がこれらの自作をそう呼んだわけではありませんが)作品の中から、今回は「種山ケ原」を取り上げてみたいと思います。

種山ケ原という場所

賢治が盛岡高等農林学校の頃もたびたび地質調査のために訪れていた種山ケ原は、北上山地の南端に近い、深い谷や山々に囲まれた高原です、ここを舞台にした中篇童話『種山ケ原』は、生前未発表の作品ですが、その内容の一部は童話『風の又三郎』の中の「九月四日」のところに転用されています。また戯曲として「種山ケ原の夜」(一九二四年)があり、詩集『春と修羅　第二集』には「種山ケ原」の詩が収められ、またこの童話に出てくる「剣舞《けんばい》」の詩も『春と修羅』の中にあります(「原体剣舞連《はらたいけんばいれん》」)。

種山ケ原とは、どんなところなのでしょうか。物語のはじめの部分では、こんなふうに語られます。

種山ケ原といふのは北上山地のまんなかの高原で、青黒いつるつるの蛇紋岩や、硬い橄欖岩からできてゐます。高原のへりから、四方に出たいくつかの谷の底には、ほんの五六軒づつの部落があります。

そこは、短い夏の間ではありますが、多くの馬や牛が放たれる空間でもありました。でも、ふだんはあまり旅人も通らない山奥で、そこを小学生の達二が、牛を一頭連れて歩いていきます。種山ケ原で草を刈っているおじいさんと兄さんに弁当を持っていくことをお母さんに頼まれ、牛の草やりもかねて出かけたのです。夏休みもそろそろ終わり、達二は楽しかった剣舞のことなどを思い出しながら歩きます。

光ったり陰ったり、幾重にも畳む丘々の向ふに、北上の野原が夢のやうに碧くまばゆく湛えてゐます。河が、春日大明神の帯のやうに、きらきら銀色に輝いて流れました。

深淵のそばを通って

原に着くと、達二の兄さんが笑って草の中から現われ、「もう少し草を集めてしまうから、ここらにいろ」と言って、行ってしまいます。しかし急に牛が逃げだし、達二は追っていくうちに見失い、霧のかかってくる中をさまよいます。「間違って原の向こう側へ降りれば、もうおらは死ぬばかりだ」と思いながら。そして、草に倒れて意識を失い、「ダー、ダー、ダー、ダー、スコ、ダーダー」と踊る剣舞の夢や、学校の教室の夢、また山男の夢などを見ます。

でも、再び目を開いた時、牛は達二の目の前にのっそりと立っているのでした。そして兄さんの声。おじいさんも栗の木の根もとで、火をおこして待っています。戻ってきた達二を迎えるおじいさんは、「おおむぞやな。な。何ぼか泣いだがな。さあさあ団子たべろ。食べろ。な」とやさしく語りかけます。達二が危険な下り口まで行ったと聞いて、おじいさんは「危ぃがった。危ぃがった。向ふさ降りだらそれっ切りだったぞ」といいながら、もっと団子を食べるようにすすめるのでした。

でもまた霧は晴れ、物語は、

はるかの北上の碧い野原は、今泣きやんだやうにまぶしく笑ひ、向ふの栗の木は、碧い後光を放ちました。

と結ばれます。

宇宙の生命を感じる

種山ケ原は、賢治にとって、変動する風や雲や霧たちの宇宙の言葉を聞き、宇宙の生命を感じる場所でした。子どもが牛を追いかけて（「風の又三郎」では馬になっています）迷子になり、驟雨《しゅうう》に会い、深淵を一瞬のぞき、また夢を見るという設定は今もわくわくする魅力と畏怖を感じさせます。「風の又三郎」に登場する、谷川の岸辺の小さな小学校の子どもたち一人ひとりの描写のすばらしさには、何度読んでも驚かされますが、その「風の又三郎」の一部に「種山ケ原」の達二の体験が導入されたことによって、より奥深く、完成度の高い作品になったといえるでしょう（やはり村の子どもたちの、特に「しゅっこ」と呼ばれる舜一の存在が印象的な「さいかち淵」も、「風の又三郎」に組みこまれています）。

これらの作品には、「子ども」の視点から世界を見、宇宙を感じようとする賢治の意識が反映されています。またこの「種山ケ原」では、雨に濡れた達二を迎え、自分の「けら」を着ろとすすめる兄さんと、団子を食べろとすすめるおじいさんの、大人としての優しい心遣いが感じられ、それはあの「水仙月の四日」のラストで、雪に埋まった子どものところに、たぶん父親である「かんぢきをはき毛皮を着た人」が走ってくる場面に似た安心感を読者に与えます。

子どもの心を内側から照射する

新美南吉『川』を中心に

自分の中の子どもを見つめる

二〇一三年は新美南吉の生誕一〇〇年で、故郷の愛知県半田でも、東京でも、多くの記念行事が行われました。一九一三年に生まれ、一九四三年に没した南吉の生涯は三〇年足らずであり、その内の創作期間は一〇年余りでした。そのわずかな時間の中ですぐれた作品を書いたことは、病弱で常に死と向きあう日々だったためでもあるでしょう。そして時代は、太平洋戦争の惨禍へと雪崩れていく前夜でもあったのです。

でも、何といっても南吉の中には、喜び、悲しみ、また悩み苦しむ多くの子どもたちが棲んでいたのでした。生前唯一の童話集である『おじいさんのランプ』（一九四二年）のあとがきで南吉は、「この童話集はまったく私一人の心から生まれたものです。久助君、兵太郎君、徳一君、大作君たちは、みんな私の心の中の世界に生きているので、私の村にだってそんな少年たちがじっさいにいるのではありません」といっています。しかし、この少年たちの織りなすドラマの中では、何と陰影に富んだ子どもの内面が描かれていることでしょう。読み返すたびにその繊細な描写に驚かされます。それは、現在のキャラクターとプロットのみで進められるライト・ノベルの対極にあるような感じです。

子どもというものは、けっして天真爛漫な、明朗活発なだけのものではなく、大人に劣らぬ複雑な屈折した心を持ち、孤独であり、「他者」にたいして敏感な存在で、時には大人を凌駕する鋭い感性を持つことがある、という南吉の捉え方は、今も新しいと思うのです。

仔山羊はひとりで帰ってきた

ここで取り上げる作品「川」では、四人の少年たちが登場します。薬屋の子の音次郎君、森医院の徳一君、そして兵太郎君と久助君の川遊びから物語は始まります。

音次郎君は大きな柿を一個取り出し、いちばん長く川に入っていたものにやるといいます。

少年たちは、晩秋の水の冷たさに耐えられず出てしまいますが、兵太郎君だけは長く浸かっています。でも、川から出た後、兵太郎君は具合が悪くなってしまい、少年たちは彼を背負って帰ります。次の日から兵太郎君は学校へ来なくなってしまったのでした。

久助君は、自分たちのせいで兵太郎君が重い病気になってしまったと思い、その責任を感じ、先生に「自首」すべきかどうか煩悶し、兵太郎君の幻影を教室の中に見たりします。

そして、ついに久助君は、兵太郎君が死んだという噂を耳にします。

日暮だった。

久助君の体のなかに漠然とした悲しみがただよっていた。

昼の名残の光と、夜のさきぶれの闇とが、地上でうまく溶けあわないような、妙にちぐはぐな感じの一ときであった。

久助君の魂は、長い悲しみの連鎖の続きをくたびれはてながら、旅人のようにたどっていた。

（「川」より）

その時、昼間に川上へ連れていって忘れてきてしまった、生後二〇日ばかりの仔山羊が帰ってくるのです。「仔山羊はひとりで帰ってきたのだ」と久助君は思います。小さな生命の生還！　それは何と象徴的な出来事だったでしょう。久助君の胸にはじめて春が訪れ、兵太郎君は帰ってくる、という確信が生まれます。そして、そのとおり、兵太郎君は帰ってきたのでした。病気で死んだのではなく海峡の向こうの親戚に貰われていき、そこが嫌で帰ってきたのです。

久助君は、しみじみこの世はなつかしいと思い、そしてめったなことでは死なない人間の生命というものが、本当に尊く、美しく思われたのでした。そして去年の夏、兵太郎君とともに草の上で際限なく笑いころげて遊んだ思い出で、物語は結ばれます。

久助君と兵太郎君は、やはり『おじいさんのランプ』に収められた「久助君の話」にも登場し、さらに「嘘」も久助君の物語となっています。これらの作品は、南吉が二六歳から二八歳にかけて、「ハルビン日日新聞」や雑誌『新児童文化』に書いたものです（一九三九〜四一年）。すでに一八歳の時に「ごん狐」や「正坊とクロ」を書き、二〇歳の時に「手袋を買いに」を発表していた南吉が、子どもたちの心を的確、繊細に描いたこの「川」などの作品に到達したことは当然ではありますが、自らの死の予感と戦時体制の悪化の中でこれらの作品を書いたことには胸迫るものがあります（南吉の作品には時局を反映したものもありますが、戦争に加担するような表現は一行もありませんでした）。

「子ども性」に触れた大人たち

一方、南吉の作品に出てくる大人たちはどのように描かれているでしょうか。

彼らは大抵、盗人であったり、酒飲みの僧侶であったり、「鳥右エ門諸国をめぐる」の鳥右エ門のように乱暴な武士であったりしますが、それらの大人たちのほとんどは、子どもたち、または純朴な村の人たちの心に触れて変化する、という話が多く見られます。

「うた時計」は、少年と大人の男とが野の道を歩いている印象的な場面で始まります。

男は実家からオルゴールのような音楽が流れる「うた時計」を盗んでポケットに隠していますが、たまたま町へ行くために道連れになった子どもの、まさに「清廉潔白」な（子どもは廉という名前でした）純粋さに触れ、その時計を実家に返してくれるよう子どもに頼む、そのわずかな時間に展開される心理ドラマが、美しい音楽とともに心に残ります。

また、没後刊行された『花のき村の盗人たち』に収められた表題作では、手下の泥棒たちを村の中に忍びこませ、自分は張り番をしていた盗人の頭領のところに、小さな子どもが仔牛を預けにきます。盗人である自分を、いい人間だと思って信用してくれた、そのはじめての体験に、頭領は涙を流し、子分たちも改心するのでした。その子どもは「地蔵さま」だったということになっていますが、やはり「子ども性」に触れたことがきっかけになったのでした。

こうして子どもを内面から鋭く照射するとともに、「子ども性」の美しさをも描いた南吉作品の魅力は、私にとって、いつも変わらない新しさをもって感じられるのです。

私は棟方志功が装丁・装画した『おじいさんのランプ』と谷中安規の装画による『花のき村と盗人たち』（いずれも復刻版）、またすぐれた詩人でもあった南吉の詩集『墓碑銘』を持っていますが、今は多くの全集や文庫版が出ていますのでお薦めしたいと思います。

南吉作品で何がいちばん好きかと聞かれるたびに、私は迷いながらも「和太郎さんと牛」が好きですと答えます。酔っぱらった和太郎さんと、やはり酒粕《さけかす》をなめて酔っぱらった牛が池の中で一晩過ごす話ですが、捜索する村人たちの様子を含めた、軽やかでユーモラスな描写と、天から授かったような赤ん坊のファンタジックな出現が、何とも印象的な作品です。半田にある南吉記念館もぜひお訪ねください。

＊本文の引用は新仮名遣いに改めました。

草ぶきの学校の子どもたち

曹文軒《ツァオウェンシュエン》『サンサン』を中心に

中国児童文学の傑作として

一九六〇年代の中国の農村。葦原がひろがる大きな川の近くに、草ぶき屋根の家が並んでいます。ここが油麻地《ヨウマーティ》小学校で、職員室も先生の住まいもみんな草ぶき屋根。この学校に集う子どもたちや先生、そして村の人びとが、この中国を代表する長編児童文学の主人公です。

小学校の校長の息子のサンサン、頭がはげているのでみんなに「ハゲツル」と呼ばれている男の子ルー・ホー。隣り村でいじめられ転校してきた女の子など、この作品にはたくさんの子どもたちが登場しますが、みんながそれぞれサンサンとの関わりの中でドラマを形作っていき、その一章一章がすぐれた短編小説のようです。サンサンはまた、村の大人たちとも関わります。担任のチアン先生や、村一番の器量よしの娘パイ・チュエ（白雀）、がんこなおばあさん「チンばば」、そして父親の校長サン・チャオ。

『サンサン』
曹文軒 著
中由美子 訳
てらいんく　2002 年

作者の故郷である江蘇省の農村風景の中で繰りひろげられる物語は、陰影と情緒に富んでいます。

サンサンってどんな子？

ところでサンサンとはどんな男の子なのでしょう？　いつもとっぴな面白い考えで頭の中はいっぱい。ときどき自分の存在をひけらかすような、人の意表をつくおかしな行動をとったり、「おいらがサンサンだぞ！」といつも周り中に知らしめているような子ども。白いハトたちを大事に飼っているのはいいのですが、ハト小屋を作るために家の茶棚を持ち出して改造してしまい、おかあさんにこっぴどく叱られたり、暑い日にわざわざ綿入れのズボンと上着、帽子をかぶり、汗びっしょりになって子どもたちに見せびらかしたり。そんな時、ハゲツルが新しい帽子をかぶってきてみんなの注目を集め、頭にきたサンサンはハゲツルの帽子を取ってしまい、また一悶着。でもサンサンは女の子紙月《ジーユエ》をいじめる男の子たちに立ち向かい、やっつけてしまったりもします。のびやかでおっちょこちょいのサンサンに、作者は子どもという「永遠なるもの」を託しているかのようです。

さまざまな人生模様

サンサンが崇拝しているのは担任の若い男性のチアン先生で、先生は笛の名手でもあります。地区の文芸チームは手作りの劇を競いあいますが、油麻地チームはサン・チャオ校長が演出する「ひしの実船」。そこで共演するチアン先生と村の娘パイ・チュエは思いを寄せあう仲となります。恋人たちの手紙を届ける連絡係となったのはサンサンでした。葦原でデートする二人をサンサンがこっそり眺める場面は、とても美しく描かれています。でもサンサンは、パイ・チュエの大事な手紙を泥水の中に落としてしまい、またまた大騒動に。

時は「新中国」となって間もない頃。人びとは草ぶきの学校を建てるためにチンばばの土地を選び、チンばばにはほかの土地と家を用意しますが、自分の所有地に固執する彼女は学校の敷地内の家に住み、飼っているアヒルや鶏を子どもたちの教室に入りこませたりします。村人たちはチンばばを新しい家に担いでいこうとしますが、ヨモギ畑を転げまわって抵抗する憎たらしいチンばば。でもそのチンばばは、偶然川に落ちた女の子チャオチャオを助けます。それから村人たち、子どもたちや学校との交流がはじまり、別人のようになっていくチンばばが、その死とともに描かれます。

雑貨屋の息子で裕福なシャオカンは、サンサンのライバル。誰も持っていない革のベルトや自転車を持っています。あの「文革」の時代、地主などは悪い出身階級とされましたが、シャオカンの家は土地を持たず、雑貨屋で財を成したため糾弾されなかったのでした。そのシャオカンも、父親の船は積荷とともに沈み、突然落ちぶれて学校へも行けない状況になってしまいます。病気になった父親を乗せて小さな船を漕いでいくシャオカンに手を振るサンサン……。

「細馬《シーマ》」の物語も心打たれるものです。子どもがいないチョウ・アルとアルマの夫婦は江南から細馬という男の子を貰いますが、彼の話す江南なまりの言葉は学校の子どもたちに通じず、細馬は学校に行かなくなり、野原でヤギの番をしています。でもいつもサンサンは細馬の味方。村は水害に見舞われ、チョウ・アルは病で亡くなり、妻のアルマは心を病んで家を出てしまいます。そんなアルマを連れ帰ったのは細馬でした。

父の背に負われて

サンサンは、首にコブができる病気になってしまい、不治の病と宣告されます。サンサンの父親のサン・チャオ校長は、低い身分とされていた猟師の出身でした。勉強好きで優れた教師の資質を持っていたため校長にまでなったのですが、息子には猟師の経歴を隠しています。でもある日、父親は猟銃を持ってサンサンを誘い、キジ撃ちに出かけます。それは、猟師だったことを隠したりして自分の栄誉にばかり心を配り、息子の病気を早く発見できなかったという反省からのことでした。キジ撃ちの中で親子は心を通わせます。

父親は、歩けなくなったサンサンを背負って医者を尋ね歩きます。このサンサンの難病も、ようやく出会った名医と、薬を煎じてくれたウェン先生のおかげで直ります。祖母を亡くした紙月は、実の父親のホェイス和尚とともに江南の地に去ります。サンサン一家も父親の新しい任地へ赴くため故郷を離れますが、どこへ行こうと紙月は自分を見ている、とサンサンは感じます。

「永遠なるもの」を求めて

『サンサン』は、中国国内や海外で多くの賞を受け、またロングセラーとなっている作品です。作者曹文軒（一九五四年生まれ）はほかにもすぐれた作品を多く書いていますが、『サンサン』が代表作といえます。サンサンには、江蘇省・塩城に近い農村で校長の息子として育った作者の子ども時代が反映されていますが、単なる自伝的作品でなく、さまざまな人生の喜びや悲しみを、子どもという「永遠なるもの」によって表現した興味深い小説といえるでしょう。曹文軒さんは現在、北京大学の教授であり、また一九九三〜九五年にかけて東京大学の客員教授をつとめられました。私も何度か中国でお会いしましたが、その作家としての静かなエネルギーに圧倒されました。

『サンサン』の日本語版（二〇〇二年、てらいんく）は、中由美子さんの訳がすばらしく、また和歌山静子さんの挿絵が、子どもたちの表情を見事に描いています。やはり曹文軒作、中由美子訳、和歌山静子絵で作られた絵本『よあけまで』（童心社）も、とてもよい作品です。祖母に育てられていた兄弟が祖母の死に遭い、その遺体の傍で通夜をする話、というと暗い話のようですが、子どもたちはおばあちゃんが遊んでくれた楽しい日々を思い出し、色紙を切って美しく撒き散らしてその魂を送るのです。

『サンサン』は「草の家」のタイトルで映画化され、日本でも岩波ホールで上映されました（日本での映画タイトルは「草ぶきの学校」）。また、ブラジルの画家ホジェル・メロさんと絵本『はね』（濱野京子訳、マイティブック）も出されています。

＊この稿を書くにあたって中由美子さんの「曹文軒『永遠なるもの』を描く作家」（『中国児童文学』二三号）を参考にさせていただきました。

内なる永遠の子どもとの対話

サン＝テグジュペリ『星の王子さま』を中心に

ゾウをのみこんだウワバミの絵

ひと昔前、フランスを一人で旅していた時のこと、まだヨーロッパの通貨がユーロに切り替わる前で、五〇フランの紙幣に描かれていたのは『星の王子さま』の作者サン＝テグジュペリでした。肖像とイラスト、裏面には彼の愛機の絵もあるこの美しい紙幣を私はもったいなくて使えなかったのですが、ちょうど千円札ぐらいのものですので、タクシーに乗ったりするたびにどんどん無くなり、最後の一枚だけを日本に持って帰ったのでした。よくこの紙幣を見ると「ゾウをのみこんだウワバミの絵」も入っています。語り手である飛行士の「ぼく」が、子どもの頃に描いた絵、そして大人たちには「帽子」としか見えなかった絵でした。「おとなの人たちときたら、じぶんたちだけではなに一つわからないのです」、そのため「ぼく」は絵描きになることをあきらめ飛行士になった……という書き出しは、全編が大人と子どもの出会いの物語であることを暗示しているようです。

「星があんなに美しいのも、目に見えない花がひとつあるからなんだよ」、詩のような、魂に響く言葉で、また時には哲学的に語られる『星の王子さま』は皆様もよくご存知のことでしょう。世界で一四〇もの言語に訳されていて、日本でも「星の王子さまミュージアム」ができています。私が訪れた台湾・台北市の書店でも『星の王子さま』は大ブレイクしていました（中国語版は原題と同じ『小王子』です）。五〇フラン紙幣も、フランスの人びとがどんなにこの作品と作者を愛し、誇りに思っているかをあらわしています。

おとなって、ほんとにへんだな

およそ人の住むところから一〇〇〇マイルも離れたサハラ砂漠で飛行機が故障し、修理していた飛行士の「ぼく」に、「ね……ヒツジの絵をかいて……」と語りかけてくる、純粋で無垢な存在。その小さな王子さまの言葉はまるで詩のようです。王子さまは、B―612番という小さな星に住んでいて、活火山を二つ、休火山もひとつ持っています。この星には、悪いバオバブの樹がしょっちゅう生えてくるので、いつも取り除かねばなりません。四つのトゲを持つ、美しく気位の高いバラも一本あります。そんな故郷の星をあとにした王子さまは、六つの星を巡ってから地球の砂漠にやってきて、「ぼく」やキツネやヘビに出会うのです。

この六つの星に住んでいる「へんな大人たち」の描写はとても風刺的です。命令ばかりしている王さまが住んでいる星。いつも自分に感心してほしいという「うぬぼれ男」の住む星、いつも酒のビンを並べて、泣きそうな顔をしている「呑み助」の星。自分の持っている星を管理したり、勘定してばかりいる「実業屋」の星、実際の海や川を知ろうともせず、ノートに書いてばかりいる地理学者…。理屈や、物質的なものばかりに囚われている大人たち。「おとなってほんとにへんだな」と王子さまは思います。小さい星の上で、街灯の火をつけたり消したりしている点燈夫とは友だちになりたいと思うのですが……。

かんじんなものは目にみえない

そうした遍歴を経てから、王子さまは地球にやってきて「ぼく」と出会うのです。この物語の有名な序文に「おとなはだれもはじめは子どもだった。しかし、そのことを忘れずにいるおとなはいくらもいない」とあり、またウワバミの絵のエピソードからも感じられるように、作者は、私たちは子どもだった頃の心と感性に帰らなければならない、と訴えているようです。しかしそれは、子ども時代へのノスタルジックな回帰や、大人の否定とはちょっと異なっています。子どもの心との出会いによって大人の「ぼく」が孤独と挫折感から救われるさまを描きながら、また「ぼく」と王子さまとの会話は、作家自身の内に宿る子どもとの会話にもなっています。王子さまは、砂漠や宇宙といったこの世界の隠された意味を知っていて、それを教えることによって、「ぼく」の中に永遠の子どもを甦らせてくれるのです。

また、ここではキツネが大切な役割をはたします。王子さまは、たった一つきりだと思っていた自分のバラが、地球の上ではたくさん咲いているのを見て、がっかりして泣いてしまうのですが、そこに登場したキツネは「仲よくなる」ということが「たった一人のかけがえのないものになる」ことだと教えてくれます（キツネは、この物語のキーワードでもある「かんじんなものは目にみえない」という根源的な言葉も語ります）。

王子さまは、別れてきたバラがほかのバラとちがう「かけがえのない」バラであることを悟り、故郷に帰る決心をします。そして、「ぼく」を襲おうとしたヘビに自分を咬ませ、「ぼく」の生命を救いながら砂漠に倒れ、消えていきます。王子さまは地球の上では生命を失いましたが、バラの住む故郷の星に帰ったと私は思います。

いつか砂漠を旅することがあったら

作者のサン＝テグジュペリは一九〇〇年に南仏リヨンの貴族の家に生まれました。子どもの頃から飛行機に憧れ、二一歳の時にパイロットの資格を取り、さまざまな業績を残しました。特にトゥールーズ、カサブランカ、ダカールを結ぶ郵便の空輸航路や夜間飛行を開拓したことでレジョン・ド・ヌール勲章を受けています。他方、作家としてペンを取り、『夜間飛行』『人間の土地』など、飛行士としての体験から生まれたドラマに深い洞察を加えた作品を発表しました。

そして一九三五年、リビア砂漠に不時着した時の体験が『星の王子さま』を生み出すもとになります。この物語が書かれた頃、フランスはナチスの占領下にありました。ドイツ軍がパリを占領した一九四〇年七月以降、すべての文化はナチスによって統制され、出版も抑圧される灰色の時代を迎えます。『星の王子さま』は一九四三年、作者が亡命していたアメリカのニューヨークで出版されましたが、その翌年、フランス軍のパイロットとして地中海上を偵察飛行中、撃墜されました。フランスのガリマール社からの出版は、その死の翌年となります。

この一九四三年のオリジナル版は、二〇〇〇年にサン＝テグジュペリの生誕一〇〇年を記念して日本でも刊行されましたが、それ以前の日本での出版はガリマール版によっています。また数年前、彼の愛機が地中海の海底から発見された、というニュースもありました。

子どもよりも大人に多く読まれているのが『星の王子さま』の特徴ではありますが、先にご紹介した『生きることの意味』の著者高史明《コサミョン》さんのご子息、岡真史君は、小学四年生の頃からこの本を抱きしめるように持ち歩いていたということを知りました。真史君が宇宙へ帰った後、遺された詩を『ぼくは十二歳』にまとめた高さんは、後に『星の王子さま』を繰り返し読み、「子どもとの距離が縮んできた」と語っています。

最後のシンプルな星と砂漠だけの絵はちょっとさびしいものですが、いつか砂漠を旅行することがあったら、そして金色の髪をした子どもがそばに来て笑っていたら、ぼくに知らせて……と作者は呼びかけています。

＊山崎庸一郎、池澤夏樹などの新訳も出ていますが、ここでは内藤濯訳をテキストにしました。

7

子どもは空想する

ファンタジーの世界で真実を見つける

自分のなかに子どもを持つこと

フィリパ・ピアス『トムは真夜中の庭で』を中心に

「時間」の障壁を取りはらって

子どもの頃、年老いた人びとを見ると、その人に昔、子ども時代や青年の時代があったとは思えず、ずっとおじいさんやおばあさんだったように思え、また自分が将来、年を重ねて老人になるということなど想像もつきませんでした。人間は変化していくもので、トータルな生活史としてひとりの人間を考えることが大事だと知ったのは、かなり成長してからです。そして大人のなかには、いつもリンゴの芯のように「子ども」を持っている人がいると気づいたのも、もっと後のことでした。

イギリスの児童文学の中でも、またファンタジーとしても最高傑作のひとつのフィリパ・ピアス作『トムは真夜中の庭で』（一九五八年）は、一〇歳ぐらいの主人公トムが八〇代の女性バーソロミュー夫人（ハティ）を抱きしめる感動的な場面で終わります。世代が隔たり、それぞれの時代の制約を受け、老人と子どもというすれちがった存在である二人がなぜ？

その秘密は、「時間」というものの障壁を取りはらい、二人の本当の出会いを可能にした、この物語のすばらしさにあります。

大時計が一三時を打つと

トムは、弟のピーターがはしかにかかったため、イギリス東部の低地地方に住むアランおじさんとグウェンおばさんの家にあずけられることになります。その家は、一軒の大きな邸宅を区切ってアパートにしたもので、一階のホールには、三階に住むバーソロミューおばあさんのものだという古い大時計が時を刻んでいます。

眠れない夜、大時計は一三時を打ち、裏口のドアから外へ出たトムが見たのは、いつものゴミ箱のある狭い空き地ではなく、月の光に照らされ、花々や樹木に囲まれた芝生のある見事な庭園でした。パジャマ姿のまま庭園を探検するトム。牧場に続いているその庭の美しさは、心をこめて精緻に描写され、目に浮かぶようです。

トムは自分の存在が、この庭の中では人の目に見えないこと、庭園の中のドアも自分の身体は抜けられることを知り、また落雷のために倒れたモミの木が、ふたたび立っていることなどから、この不思議な庭園の中に流れる時間の不連続性にも気づきます。そしてトムは、この庭で少女ハティに出会うのです！　三人の従兄弟《いとこ》の少年たちにつきまとっている小さなハティだけは、トムの姿が見えるのでした。自分を「とらわれの王女」というハティは、施設から心の冷たい叔母に引き取られてこの邸宅に住んでいる少女だったのです。

「時間」と「永遠」と

トムとハティが庭園で過ごす時間の中で、ある時にはハティはもっと幼い少女となり、ある時にはもう成人に近い女性となっています。これは後に全体の仕組みが明らかにされるように、現在、トムの時代のアパートに住む年老いたバーソロミュー夫人であるハティが、ちょうどトムがアラン家に滞在している間に見た夢……それは実際の懐かしい思い出の夢なのですが、その中にトムが入りこんでいるからなのです。その夢が不連続であるために、トムの時間が行きつ戻りつしていることになります。

作者ピアスは、一七世紀の詩人J・W・ダンの「時間論」に大きな影響を受けており、時間の重層性——時間は一筋の川のように流れるのでなく、未来に現在が、現在に未来が転位することもある、という仮説の上に立って、物語を構成しています。現実にハティが少女として過ごしたビクトリア朝後期に実在のトムは存在したのか？という疑問も一応この仮説で証明されます。

その「物的証拠」として読者に示されるのが「スケート靴」で、一九世紀のある日、ハティがトムとの約束で秘密の場所に入れておいたスケート靴を現代のトムが見つけ、それをはいてふたたびハティの夢の時間に戻り、キャム川が大凍結した時（これは一八九五年に実際に起こりました）、トムとハティは二人でイーリー大聖堂まで滑っていく、という物語のクライマックスとなります。

でも私はむしろ、庭園の日時計に刻まれた聖書のヨハネ黙示録の言葉「もう時はない」がこの作品のキーワードではないかと思うのです。

刻々と移り変わっていく普通の「時間」に対して、「永遠」という不変の時間の観念が導入されます。それは、他者と自分という二人の人間が本当に共有できる時間なのかもしれません。

まるで小さな女の子みたいに

『トムは真夜中の庭で』は、なによりもトムとハティが他者としてのおたがいの存在を発見する物語であり、トムは特にハティの幼かった時、若い女性だった時、そして年老いた女性となった時を知ることでひとりの人間をトータルに把握し、認識することになります。「時間」は主人公ではなく、その認識の手段にすぎないともいえます。

現実には、八〇歳を越えた大人と一〇歳の子どもは、祖父母と孫の関係でないかぎり、おたがいに他者として出会うことは不可能かもしれません。しかし、子どもだったハティと、「永遠」という時間のなかで（またはまったく「時間」を取り去ったなかで）出会ったトムにとって、年老いたハティの黒い瞳の中にその存在のすべてを見るのは当然のことだったでしょう。

トムがバーソロミュー夫人に別れを告げるようすを、グウェンおばさんはこのように語ります。

「トムが駆けあがっていくとね、ふたりはしっかりと抱きあったの。まるで、もう何年もまえからの友だちみたいで、けさあったばかりだなんて、とても思えなかったわ。（中略）トムは、相手がまるで小さな女の子みたいに、両腕をおばあさんの背なかにまわして抱きしめていたのよ」（高杉一郎訳）

他者への想像力

「私たちはみんな、自分のなかに子どもを持っている」とピアスは「あとがき」に書いています。作中でトムとハティがイーリー大聖堂からスケートで帰る途中、ハティが将来の結婚相手となる青年バーティ二世に会い、二輪馬車で送ってもらうのですが、この時ハティにはトムの存在が見えなくなってしまう、という衝撃的な場面が語られます。これはハティが大人として成長したことを示しています。でもやがて年老いたハティのなかに、やはり「子ども」は存在していたのでした。そして他者との、本当の出会いのためには、何よりも愛と、それに裏打ちされた想像力が必要なのだ、と物語は語りかけているようです。

フィリパ・ピアスは、物語の舞台でもあるケンブリッジ(作中ではカースルフォドという地名になっています)の近くにあるグレート・シェルフォードの製粉工場主の家に生まれました。そこにあった庭園がこの作品のモデルとなっています。スーザン・アインツィヒの絵も、トムとハティを、そして庭園を見事にあらわしています。ピアスは『ハヤ号セイ川をゆく』や『まぼろしの小さな犬』をはじめ、多くのすぐれた作品を書いていますが、『トムは真夜中の庭で』はカーネギー賞を受けました。

また、翻訳された高杉一郎さんは、シベリア抑留記としての名著『極光のかげに』の著者でもあり、エスペランティストでもありました。最近私は『極光のかげに』を読み直す機会がありましたが、改めて、高杉さんが「トム」を訳してくださったことを嬉しく思わずにはいられませんでした。

ムーミン家のドアはいつもオープン

トーベ・ヤンソン『ムーミン谷の冬』を中心に

さまざまな住人たち

ムーミン・シリーズのファンの方は多いでしょう。そういう私も大の愛読者なのです。そして何度読んでも新しい発見があるムーミン・シリーズの魅力のひとつは、かなり複雑な思いを抱いた登場人物たち（ムーミンたちは人間ではなく、動物でも妖精でもないので「生き物」と言うべきですが）の造型にあると思っています。イラストのすばらしさは当然ですが、それぞれの「生き物」たちに多様な生き方があり、多様な考え方があることの面白さ！　そして「どんなところよりも美しい」ムーミン谷の真ん中にあるムーミン屋敷は、それらの「生き物」たちのためにいつも開かれていて、さまざまな住人たちが暮らしているのです。はじめてムーミン屋敷に来た旅人も、気持ちよく迎えられ、家族と同じに扱われます。これは、いつも楽天的で自由な精神の持ち主、ムーミンママのせいかもしれません。皮肉ばかり言われたために姿が消えてしまった女の子ニンニ（『ムーミン谷の仲間たち』）や、ひとりぼっちのホムサ・トフト（『ムーミン谷の十一月』）も、みんなムーミン谷で自分を取り戻していきます。

ムーミン、冬の中へ出て行く

九冊のシリーズの中で、ムーミントロールは感受性の豊かな、冒険好きの子どもとして描かれますが、孤独を愛する旅人スナフキンに憧れたり、洪水に流されたり、多くの出来事を体験するうちに少しずつ成長していきます。その大きな体験のひとつが、『ムーミン谷の冬』（一九五七年）に描かれています。なにしろ、家族たちが冬眠しているあいだ、ただひとり目覚めたムーミントロールの物語なのですから。ムーミン谷にも、北欧の大自然の荒々しさを感じさせる冬がやってきます。

海はほとんどまっ黒でした。でも月の光をあびて雪がきれいな青い色に光っていました。海は氷の下でねむっているし、すべての小さい動物たちは、みんな土のおくふかくねむって、やってくる春のことをゆめに見ていました。

でも、春はまだ遠かったのです。なにしろ、まだやっと新年をすこしすぎたばかりでしたから。（山室静訳）

いつもムーミン一家は、一一月から四月まで冬眠するのです。お腹の中に松葉をどっさり詰めこんで、深い静けさの中で眠っています。ところが、ムーミントロールだけが月の光で目を覚まし、眠れなくなってしまいました。ママを起こしても起きてくれません。初めての雪景色の中に出ていくムーミンは、林の中で「おしゃまさん」（原名はトゥティッキ。大人の女性で、作者の親しい友人がモデルになっています）に出会い、彼女が冬の世界の導き手となります。

冬には、ひっそりと隠れて活動している多くの生き物たちがいることも、ムーミンはおしゃまさんに教えられます。ムーミン一家が夏に使う水あび小屋におしゃまさんは住みついていますが、そこには姿の見えないトンガリネズミも住んでいます。戸棚の中には「ご先祖さま」が。そして遠くには孤独な冬の妖怪モランの気配も……。ちびのミイも、ムーミン屋敷を目指してやってきます。

春の訪れを待って

ここでムーミン・シリーズには珍しい、ひとつの「死」が語られます。それは「すばらしいしっぽを持った」子リスの死で、子リスは海の向こうからやってきた美しくも恐ろしい氷姫に出会い、凍りついて死んでしまいます。ムーミンにとっても初めて出会った死でした。おしゃまさんやミイたちと子リスの葬式をするムーミン（でも作者は後に子リスの再生を準備しています。同一の子リスかどうかは読者の想像にまかされていますが）。太陽が戻るのを願い、大きな篝火《かがりび》を焚く行事もあり、ムーミンはさまざまな冬の生き物たちが火のまわりを踊るのを見ます。谷間に氷姫が来たため食べ物がなくなり、飢えた小さな生き物たちは、ジャムの保存庫があるムーミン屋敷に集まってきます。家族はみんな眠っているので、対応するのはムーミントロールだけ。でも、いつも開かれているムーミン家の原則は守られ、お客たちはジャムを食べ、屋敷でくつろぐのでした。ここで、一風変わったヘムレンさんが登場します（ヘムレンは「ヘムル族の人」という意味で、シリーズには多くのヘムルたちが登場します）。

ヘムレンさんは自分勝手で、あれこれ指図したり、ラッパをうるさく吹いたりしてみんなに嫌われますが、嫌われていることに気づかず、また小さな「はい虫」のサロメちゃんがヘムレンさんを好きなことにも気づきません。無神経な大人の典型みたいなヘムレンさんも、やがて吹雪の中で迷子になったサロメちゃんを救助することで、ようやく人の気持ちに気づく、という印象深いエピソードも語られます。

雪はようやく溶けはじめ、春の嵐のあとに土の匂いがしてきます。はじめて冬を、そして春の訪れを経験したムーミントロール。

おしゃまさんは、「どんなことでも、自分で見つけださなきゃいけないものよ。そうして自分ひとりでそれをのりこえるんだわ」と言います。この、さりげない導き手の大人であるおしゃまさんは、この物語の中で大きな存在感を持っています。

最後に海に浸かって風邪を引いたムーミントロールのくしゃみで冬眠から目覚めたママは、さっそくあたたかいジュースを作ってくれます。ムーミンはママに話したいことがたくさんありました。そしてやはり冬眠から覚めた「スノークのおじょうさん」はクロッカスの芽を見つけ、寒くないように上にガラスを置いてあげようと言いますが、ムーミントロールは「自分の力でのびさせてやるのがいいんだよ。この芽も、すこしは苦しいことにあうほうがしっかりするとぼくは思うな」と答えるのでした。

戦争の惨禍の中から

トーベ・ヤンソンは、一九一四年にフィンランドのヘルシンキで生まれました。画家になるためにヨーロッパで学び、第二次世界大戦前後は『ガルム』という政治風刺雑誌に風刺漫画を描き続けました。またヤンソンが国内では少数派だったスウェーデン系フィンランド人として育ったことも、その作品に反映されています。『ガルム』に作者のサイン代りに登場した生き物がムーミントロールの原型であることもよく知られています。初期のムーミン・シリーズは、大国による戦争の惨禍に巻きこまれ、翻弄されたフィンランドの危機的な状況が作品とダブル・イメージされ（『小さなトロールと大きな洪水』一九四五年）、『ムーミン谷の彗星』（一九四六年）ではナチス・ドイツの比喩とも考えられる彗星がムーミン谷に接近し、小さな生き物たちを脅かす恐怖が描かれます（この作品はその後二回にわたる改稿を経て一九六八年に最終版が出されています）。

そしてムーミン谷に平和が戻り、楽しい雰囲気のうちに再び語り始められたシリーズは、世界中の子どもたちの財産となったのでした。

大人向けの小説も多く書いているヤンソンですが、自伝的な『彫刻家の娘』と、夏を島で過ごす祖母と孫娘を描いた『少女ソフィアの夏』はムーミン・ファンにもぜひ読んでほしいものです。日本語版のムーミン・シリーズは各巻で訳者が異なりますが、『ムーミン谷の冬』は、北欧文学研究の第一人者であられた山室静さんの訳です。

矢じるしの先っぽの国へようこそ

佐藤さとる『コロボックル・シリーズ』を中心に

小人によせる子どもの共感

物語の世界の中、ひそやかな気配で走りまわる小さいものたち。古い伝承の中にその故郷を持ち、その存在を信じる人たちの心によって育まれ、現代文明の中では流離の憂き目に遭いながらも、ファンタジーと呼ばれる文学の中ではその存在が「小人たちの物語」として定着しています。

そして子どもほど、物語の中の「小人」に共感を覚える読者はいないでしょう。「大人」にくらべて身体が小さいということだけでも、子どもは小人に等身大の共感を持ちますが、大きな人間（大人）に対する複雑な感情もまた共有するはずです。

『ガリバー旅行記』（スウィフト）は大人向けの風刺文学として書かれましたが、子どもたちが自分の本棚に持ちこんでしまった、というよく知られた事実は、その「小人国」（リリパット国）の魅力のために違いありません。

世界の児童文学ではその後もメアリー・ノートンの「床下の小人たち」シリーズや、トールキンの「指輪物語」シリーズなど、小人たちが活躍する多くの物語が書かれることになります。

戦後、特に一九六〇年前後からの日本の児童文学の発展は著しいものがありましたが、とりわけ一九五九年に出版された佐藤さとるの『だれも知らない小さな国』は、佐藤や長崎源之助とともに「豆の木」同人だったいぬいとみこの『木かげの家の小人たち』（一九五九年）と並んで、日本のファンタジーの幕明けとしても画期的な作品でした。いぬい作品の主人公はイギリスから移住した小人たちでしたが、佐藤作品の小人は「スクナヒコナ」の神を祖先とし、アイヌ文化の伝承のコロボックルにも似た、身長三センチほどの小さな人たちでした。

いつも出来たての物語

『だれも知らない小さな国』が書かれてから、もう五〇年以上の歳月が流れました。でも、今読み直してもコロボックルのシリーズは少しも古い感じがしないのです。神宮輝夫さんは「この本はいつも出来たての感じ」で、読み返すたびに面白さが少しずつ増えていくと語っています。

「人がそれぞれの心の中に持っている小さな世界」を書きたかった、という作者の言葉のように、子どもだった頃の小さな場所――原っぱだったり、庭の片隅だったり人形の部屋だったり――をいつまでも覚えている方は多いでしょう。

「ぼく」として語られる青年「せいたかさん」は、小学校三年の時、杉林に囲まれた小山の斜面の、三角形をした小さな土地に入りこみ、美しい泉を見つけます。その秘密の場所をいつか買って「自分の山」にしたいと思うぼくは、そこでトマトのおばあさんに出会い、「こぼしさま」と呼ばれている小人の話を聞きます。そして、その泉のほとりである女の子とも出会い、その子が忘れていった赤い運動靴が川に流れていく中に、ほんとうに小さい人たちが乗っているのを見るのです！

でもその後、日本は戦争の渦に巻きこまれ、ぼくの夢のような場所の思い出は薄らぎます。父は南の海で戦死。終戦を迎え、電気会社に就職したぼくは、ふたたびあの場所に戻り、小さな人たちと再会することになります。そして地主と交渉し、小山の一角を借りて小屋を建てるのでした。

アイヌ伝承の小人に似ているため、せいたかさんは彼らをコロボックルと呼ぶことにします。

小人によって人間同士が出会う

目にもとまらない速さで動き、「ルルルル……」と早口で話し、雨蛙の皮を着て身を隠すユニークな小人たち。ヒイラギノヒコ、ツバキノヒコ、エノキノヒコなどと呼ばれ、地下に国を作って暮らしている小人たちとの出会いはとても感動的です。でも物語にはもう一つ、大きな出会いがあります。それは「おちび先生」という若い女性とせいたかさんの出会いで、おちび先生は今は幼稚園の先生をしていますが、「ぼく」の原風景の中で赤い運動靴を忘れた女の子だったのでした。おちび先生もまた、戦争で焼け出されてこの場所に戻ってきたのです。「矢じるしの先っぽの国」であるこの小さな国。ここに小屋を建てて暮らすようになったせいたかさんとおちび先生は、コロボックルたちとともにこの場所を、国の道路建設計画から守り抜きます。そして二人は結婚し、コロボックルたちの本当の「味方」としてこの地で暮らすことになります。

けっして小人が人間に従属するのではなく（せいたかさんが小人に伝えた技術も多いのですが）双方は対等な関係を持っています。でも小人たちの隠れた生活は、少しずつ外界に開かれていきます。椿の木の上に寝ころがったせいたかさんが、宝物のような小さな世界を眺め、「いつまでも静かな明るい国でいてくれ」と祈りをこめて呼びかける第一巻のラストは心に残ります。

いつまでも子どもの心で

コロボックル・シリーズの第二巻『豆つぶほどの小さないぬ』は、クリノヒコというコロボックルの青年が主人公です。クリノヒコはせいたかさん一家と小人たちの連絡係で、せいたかさんとおちび先生との間にはもう三つになるチャメちゃんという女の子がいます。せいたかさんにもらった古いポストに小人たちは「コロボックル通信社」を作り、この巻の中心となるマメイヌ探しの冒険もニュースとして発行されます。「ものを作る」ことへの作者の関心は、緻密な描写のリアリティとして、ここでも充分に発揮されています。第三作『星からおちた小さな人』は躍動的でファンタジックな物語で、コロボックルの女の子おハナたちが、人間につかまったミツバチ坊やの救出に活躍しますが、ここでも人間の子どもおチャ公やおチャメがコロボックルの「トモダチ」に選ばれます。第四巻『ふしぎな目をした男の子』は小人たちを見つける目を持った人間の子どもタケルの物語、そして第五巻『小さな国のつづきの話』は、図書館に勤めている若い女性、杉岡正子が、コロボックルのトモダチになる物語です。正子はすでに出された四冊のコロボックル・シリーズを読んでいて、そのため、小人たちの存在もすぐに受け入れられる、という面白い構成になっています。

おチャ公もおチャメももう大人になっていますが、小人たちの存在を信じています。そして、せいたかさんや正子たち、大人になっても子どもの頃の心を失わない人たち、心のひからびていない人たちが、また新しく開かれた世界を創っていくことを、作者は全編を通して語りかけたかったのでしょう。

一九二八年、横須賀に生まれた佐藤さとるさんは、三浦按針《あんじん》の墓のある按針塚の公園を小さいころの遊び場とされ、その思い出は『わんぱく天国』に活写されています。コロボックル・シリーズのほかにも多くのすぐれた作品を書かれ、また『ファンタジーの世界』でファンタジーを論じておられます。近年も歴史を舞台にした奥深いファンタジー『天狗童子』（二〇〇六年）を出されました。

また佐藤さんは「せいたかさん」のように、海軍軍人だった父親を戦争で亡くされていますが、その父の伝記を描いた『海の志願兵――佐藤完一の伝記』も二〇一〇年に出版されています。

私も参加している、作家や編集者たちの句会にはいつもお元気な姿が見られ（俳号は佐藤御雨）、最近もトマトの季題で、「樋の水落ちてトマトの浮き沈み」という句を作られ、私は『だれも知らない小さな国』に出てくるトマトのおばあさんを思い出したのでした。二〇一五年にはコロボックル・シリーズへのオマージュとして『だれもが知ってる小さな国』（有川浩《ひろ》作、講談社）が出されています。

今もたくさんのフランチェスコが……

ジャンニ・ロダーリ『青矢号』を中心に

ショーウィンドーの中から

日本の子どもたちの貧困率は、先進二〇カ国のうち悪いほうから四番目だという統計を見ました。これは現代の大きな問題である「格差」ともつながっています。収入が平均所得の半分にも満たない家庭の子どもは六人にひとり。欲しいおもちゃを買ってもらえない子どもたちも多いことでしょう。世界的に見れば、貧困の中で児童労働を強いられている子どもたちの数は圧倒的に多いはずです。

イタリアの作家ロダーリの初期の傑作『青矢号』は、おもちゃたちが大活躍する楽しく暖かい物語。主役は魔女ベファーナの玩具店のおもちゃたちなのですが、ショーウィンドーを悲しそうな目でのぞいているのは、一〇歳の男の子フランチェスコです。この子の家庭は貧しく、飾られている電気機関車「青矢号」を買ってもらえないのでした。

イタリアでは子どもたちが贈り物を貰うのは新年の一月六日、キリスト教では公現日《エピファニー》といって、キリスト生誕の時に三人の博士がベツレヘムを訪れた日です。配り手はサンタではなく箒に乗った魔女ベファーナ。でもこの物語の中のベファーナは玩具店を営み、しっかり料金を親から取っているのです。

おもちゃたちは、フランチェスコ少年の境遇を知って思わずもらい泣きし、ぬいぐるみの犬のコインは、みんなでフランチェスコの家に行こうと提案します。そしておもちゃたちは地下室の抜け穴から出発するのでした。それは強欲なベファーナへの抵抗の行動でもありました。

おもちゃたちは雪降る夜の町へ

「青矢号」は鮮やかな青で塗られた電気機関車で、駅や駅長、機関士や車掌の人形もついています。ショーウィンドーの中の草原には「銀バネ大将」と呼ばれる族長とインディアンたち、吊り下げられた飛行機にはパイロット、帆船の「片ひげ船長」やモトクロスライダー、砲兵や歩兵隊を指揮する将軍、マリオネット人形たちや「桃色人形」、肌の黒い人形、ぬいぐるみの犬のコインやぜんまい仕掛けのカナリア、黄色のクマくん、クレヨンたちなど、みんなが夜更けに階段を降り、地下倉庫の穴から外へ出ていこうというのです！

このアイディアを考えたのは、内気で犬らしい吠え方も忘れてしまったコインでした。でもみんなが町に出て行く前に、地下室に貧しい家庭の男の子が眠っていることを知り、心優しい黄色のクマくんはその子、ジャンパオロの枕元に残ります。

コインの嗅覚をたよりに、フランチェスコの家を探し、青矢号に乗って雪降る夜の町を走るおもちゃたち。

ある門の中で眠っている（凍え死んでいる）おばあさんを見つけた桃色人形は心を動かされ、その場に残り、駆けつけた警官に娘へのプレゼントとして貰われていくことになります。戦争の好きな将軍人形は、「大砲に弾をこめろ！」と攻撃をけしかけてばかりいますが、ついに大砲がドブに落ちてしまい、気落ちした将軍は雪に埋もれ、雪像になってしまいます。

フランチェスコはたくさんいる

雪のためフランチェスコの匂いが消えてしまって悩むコイン。一方、ベファーナとお手伝いのテレザおばあさんは、残ったおもちゃを配るため箒に乗って空を飛んでいて、青矢号を見つけます。テレザは墜落してインディアン人形たちにつかまってしまい、ベファーナはテレザを見捨てて店に戻ります。テレザは銀バネ大将に、おもちゃを貰えなかった子どもたちの名簿を渡すのでした。そこに書かれていたのはたくさんのフランチェスコ、そして大勢の子どもたちの名前！

おもちゃたちはその子どもたちのもとへ、みずから飛びこんでいく行動を開始します。モトクロスライダーが先導し、マリオネットたちも飛行機もロケットも、それぞれの子どもたちのもとに！　やはり名簿にあった踏み切り番の息子ロベルトは、線路が土砂で埋まっているのを通報して乗客の生命を救い、それを見ていた青矢号の機関士と車掌と駅長は、青矢号とともにロベルトのもとにとどまるのでした。

コインの探すフランチェスコは父親が亡くなって、母親と弟妹のために新聞売りや映画館のお菓子売りなどをして働き、バラックに移り住んだため、匂いが途絶えていたのでした。コインはとうとう生きる希望を失いかけ、路面電車や馬車に轢かれて自殺しようとしますが失敗。馬車に飛び乗ったところ、そこにはなんとフランチェスコが眠っていました。ふたりの思いがけない出会い、そしてコインは本物の犬になっていたのです。ウワン、ウワンと吠えることのできる犬に！

これも不思議な巡りあわせでベファーナの店で働くことになったフランチェスコはコインに「ぼくたち、ずっといっしょだよね！」と語りかけるのでした。暖かい、幸福感に満ちたラストです。

「おもちゃたちの中の大人」ではありますが、銀バネ大将の冷静な判断と、毅然とした優しさが心に残り、またテレザおばあさんも、貧しい子どもたちのリストをこっそり作っていたことが大きな力となったのでした。「戦争大好き」の将軍は思い切りカリカチュア化して描かれ、作者の反戦の思いを現わしています。また、コインが本物の犬になる結末は、イタリア児童文学の古典『ピノッキオ』を思い出させます。

民主主義教育の中での活躍

ジャンニ・ロダーリは、イタリア人なら誰でもその作品を人生のどこかで読む作家で、日本でも多くの作品が訳されてきました。九歳の時にパン職人だった父が病死。子どもたちを抱えて、生きていくのに精一杯だった母。『青矢号』のフランチェスコにはロダーリの子ども時代が投影されています。

一九二〇年に生まれたロダーリは、若い頃小学校の教員を勤めていましたが、一九四三年にはレジスタンス運動に加わり、第二次世界大戦中にイタリア共産党に入ってファシズムと闘いました。戦後は共産党の日刊紙『ルニタ（統一）』の記者となり、また子ども向けの週刊誌『ピオニエーレ』に童話を執筆するようになります。そして代表作となる『チポリーノの冒険』（一九五一年）に続いて書かれたのがこの『青矢号』（一九五四年）でした。『青矢号』には、戦後のイタリアの子どもたちの状況が色濃く描かれ、それは日本の戦後の状況にも似ています。

ロダーリの、子どもたちに身近かな言葉を使い、自由奔放で奇想天外な面白さを持った多くの物語（その創作の秘密は、快著『ファンタジーの文法』で明らかにされています）は、教育の現場にも用いられ、ロダーリは戦後イタリアの民主主義教育を代表する作家となりました。一九七〇年には国際アンデルセン賞を受けますが、一九八〇年に六〇歳で亡くなります。

ロダーリの童話は、安藤美紀夫さんたちによって早くから紹介されてきましたが、近年、大人向けでもある短編集『猫とともに去りぬ』や、「ファンタジーの練習帳」と副題のある『羊飼いの指輪』などが関口英子さんによって訳されています（ともに光文社古典新訳文庫）。

『青矢号』もすでに一九六五年に杉浦明平さんによって『青矢号のぼうけん』として訳されていますが、二〇一〇年に関口さんの新訳が出されました。たくさんの物語が入っている『兵士のハーモニカ』（岩波少年文庫、関口訳）や、珠玉のショート・ショート集『パパの電話を待ちながら』（内田洋子訳、講談社）、またロダーリらしい手法で平和への思いを現わした絵本『キンコンカン戦争』（ペフ絵、アーサー・ビナード訳、講談社）など、多くのロダーリ作品が現在読めるようになったのは嬉しいことです。

「内側」にいるという感じを取り戻す

ロビンソン『思い出のマーニー』を中心に

アンナに私の子ども時代を見る

子どもが皆の輪の中に入れず、いつも自分は「外側」にいると感じる時、それは「疎外感」という言葉でもあらわせないほどの深い悲しみとなるはずです。私自身も小学校の頃、今でいう「選択性緘《かん》黙《もく》症」のため誰とも会話ができず、「外側」にいる辛さを日々体験していました。『思い出のマーニー』の主人公、九歳のアンナはもっと辛い状況にあります。幼い頃両親を事故で失い、施設に預けられ、三歳の時にプレストン夫妻に引き取られたアンナの中には、善意の優しい人達ながら、福祉からお金を貰って養ってくれているプレストン夫妻への激しい反発があり、また自分を置いたまま旅行に出かけて事故死した両親への恨みがありました。アンナは、ほかの人たちは「内側」にいるのに、自分だけは「外側」にいるといつも感じている子どもです。それはアンナの無気力さともなり、この「やってみようともしない」子どもを、担任の先生も、ミセス・プレストンも心配していました。それが、アンナが都会を離れ、小さな海辺の村で「転地療養」のために過ごすことになったわけなのです。

物語の舞台は、イギリス東部ノーフォークのマーシュ（沼地）と呼ばれる湿地帯と入江がある場所で、その荒涼とした風景はそのまま、アンナの閉ざされた心の表象にもなっています。

ここでアンナを迎えるペグおばさんと夫のサムは、素朴な愛情にあふれた人達で、アンナにはほとんど干渉せず、あるがままのアンナを受け入れてくれるのですが、アンナの心は閉ざされたまま。そして土地の子どもサンドラに「こちこちのつまんない子」と言われた時、「他者」との関係はさらに悪化していきます。アンナはサンドラに「ふとっちょぶた」と言い返し、それがまたペグおばさんを悲しませる火種になってしまいます。

そんな時、入江に面した古い家、「しめっ地屋敷」にアンナは心を引かれます。その空き家の窓には、はじめ大きく目を見開いた青白い自分の顔が映るだけでしたが、誰かが見ているような気もします。この屋敷も、アンナの心そのものと対応して描かれています。その場所で、はじめてアンナはマーニーに出会ったのでした。

マーニーとは誰なのか

ペグ夫妻が外出した夜、アンナはボートに乗って「しめっ地屋敷」へ行き、不思議な女の子マーニーに出会います。マーニーはアンナと同じ年頃の金髪の少女でした。二人はおたがいに本当の人間であることを確かめあい、仲良くなります。屋敷ではパーティーが開かれ、音楽や人びとの声が聞こえてきます。二人は友情を深め、空虚だったアンナの心にマーニーの存在は大きな位置を占めるようになりました。

マーニーはアンナに花売り娘の扮装をさせ、屋敷の中のパーティーへ連れていったりします。でもこの不思議な時間は、現実と共存しておらず、アンナがペグ夫妻の家を思い出そうとすると、アンナ自身の姿が消え、マーニーが探す……という場面も見られます。そしてマーニーがアンナのことを本当に「掛け値なし」で愛していると言ってくれた時、アンナの心は「空気のように軽くなり」、「すきとおったよろこび」に満たされます。

風車小屋での恐ろしい体験から、マーニーへの不信（自分を置いていってしまったとアンナが誤解した）が生まれたり、また激しい風雨の中でマーニーに会いに出かけたアンナが危うく溺れかかるという事件も起こります。その時、思いがけない人物――土地の老人でほとんど口をきかない偏屈なワンタメニー（新訳ではこの名前の語義を日本語化してアマリンボーとしているものもあります）がアンナの生命を救ってくれるのです。

そしてすでにこの時点で、アンナの中には「他者」と現実を受け入れる柔軟な心が戻ってきています。それはマーニーによって呼び覚まされたものでした。

そして、現実に「しめっ地屋敷」に移り住んでくるリンゼー家の五人の子どもたちとの出会いが、まるで堰を切ったようにもたらされます。ここに登場するリンゼー夫妻も、分け隔てのない受容性に富んだ忘れがたい大人像として描かれます。

この圧倒的な他者との邂逅によって、アンナの中にわずかに残っていた実の父母への憎しみもすべて消え去ります。

「あたしはもう中にいるわ！」

アンナはこうして「内側」にいるという感覚を取り戻します。そして最後に、子どもたちが屋敷から発見したマーニーの日記と、画家の老婦人ギリーの回想によって、マーニーがアンナの祖母であったことが明らかにされます。その展開は上質なミステリーを読むような感じで、不思議なことながら読者に深い納得感を与えます。

ここで扱われている「時間」のマジックは、アンナの世界が変質するためのファンタジックな手段であって、マーニーが現在に来たのか、アンナが過去へ行ったのかはあまり問題ではありません。また、ここでもう一つ重要な「他者」の発見があります。それはやはり五〇年前のマーニーの日記の中で、小さな男の子だったワンタメニーが登場することです。シャーベットの袋を食べてしまうような小さな男の子――その子が歳月を経て老人となり、アンナの生命を救う――といったことが、やはり「人間」というもののトータルな理解に結びつくことは、『トムは真夜中の庭で』とも共通したものを感じさせます。

アンナが「あたしはもう中にいるわ！」と言い、幸せそうに声をあげて笑うラストにはとても心打たれます。

世代を超えた魅力

一九八八年に亡くなった作者のジョーン・ロビンソンが『思い出のマーニー』（原題は「マーニーがそこにいたとき」）を出版したのは一九六七年でした。ロビンソンはほかに『くまのテディ・ロビンソン』や『すえっこメリーメリー』など楽しい作品も紹介されています。

そして今回、二〇一四年にスタジオジブリで、米林宏昌さんの監督でアニメ化されたため、新装版やいくつかの新訳が出されましたが、ここでは岩波少年文庫版の松野正子さんの訳を使いました。

私たちが今も毎月行っている「ファンタジー研究会」は、すでに三八〇回を超えて続いていますが、一九八一年、翻訳されたばかりのこの作品をテキストに日本児童文学者協会研究部の作品研究会が行われ、そこに集まったファンタジー好きな人たちによって「ファンタジー研究会」が発足したのでした。そういうわけで、私にとっても「思い出」の作品なのです。先日も作家の高橋桐矢さんのレポーターで、『思い出のマーニー』を久しぶりに取り上げ、皆で熱く語りあったばかりです。

これからもこの作品が世代を超えた魅力で読み継がれていくことを願わずにはいられません。そして私自身もそうだったアンナのような少女が、新しい世界を開いていくことを。

人はおとなになると飛び方を忘れるの

バリー『ピーター・パンとウェンディ』を中心に

子どもの頃からの愛読者として

まだ抜けかわらない乳歯が真珠のように輝く、子どもらしい顔、小生意気な態度で、うぬぼれが強く、気ままに空を飛び、子どもたちをネヴァーランドへ連れていく、けっして大人になることがない少年ピーター・パン。スコットランド出身の劇作家ジェームズ＝バリー（一八六〇〜一九三七年）が創り出したこの永遠の少年は、一二〇年近く経った現在でも、生き生きと私たちの心に住んでいます。

ロンドンのケンジントン公園の池のほとりに行きますと、葦笛を吹くピーターの像が立っていて、その周りには花束が置かれ、いつも世界各国から集まる若者たちの姿が見られます。

私も幼い頃、ベッドフォードのすばらしい挿絵入りの本を読んで以来、何度読み直したかわからないほどの愛読者なのです。ネヴァーランドの人魚たちの遊ぶ、子どもたちの住む地下の小屋といった絵も目をつぶればたちどころに現れ、「今度こそ、フックかぼくだ」といったセリフも暗記しているほどでした。そして最後に大人になってしまったウェンディと子どものままのピーターの対比に「大人になる」ということへの恐れを感じるのでした。

ピーターはなぜ子どものままなのか

ピーターは、バリーが一九〇二年に発表した『小さな白い鳥』という小説の中にまず現れます（この作品は『ケンジントン公園のピーター・パン』として日本でも紹介され、また新訳も出ています）。これをもとにしてバリーは『ピーター・パン――大人になりたがらなかった少年』という戯曲を書き、上演されて大評判となりました。それを物語として書き直したものが『ピーター・パンとウェンディ』です。ピーター・パンはもともと家出した子どもでした。その由来が『小さな白い鳥』に書かれます。人間の子どもはもともと小鳥で、孵化してから人間の家に飛んでいって子どもになるという設定で、生後七日目に人間の家の窓から飛び出したピーターは、公園で小鳥や妖精たちと楽しく暮らしますが、家に帰りたくなって飛んで帰ってみると、お母さんはその後で生まれた別の赤ちゃんを抱いて眠っています。ピーターは公園に戻り、永遠に成長を止めた子どもとして暮らし、乳母車から落ちた迷子たちをネヴァーランドへ連れていって遊ぶのでした。

ピーターは、ギュンター・グラスの『ブリキの太鼓』の主人公オスカルのように意志的に自分の成長を止めたわけではありませんが、母親の愛がほかの子に移った悲しみが「大人になること」を拒否させたのでしょう。

そしてみんなはネヴァーランドへ

『ピーター・パンとウェンディ』では、そうしたピーターの出自はほんの一か所、ピーターの言葉で語られるだけでほとんど書かれていません。物語は「子どもはみな――ひとりをのぞいて――大きくなります」（石井桃子訳）という言葉ではじまります。夢見る心を持ったダーリング夫人、株式配当の計算にくわしい現実的なダーリング氏、女の子のウェンディ、弟たちのジョンとマイケル、そして乳母役をつとめる忠実な犬のナナが暮らす家の子ども部屋の窓から、ある夜、ピーターは妖精のティンカー・ベルとともにやってきます。そしてネヴァーランドへの旅に子どもたちを誘うのでした。妖精の粉をふりかけられて、自由に飛べるようになった子どもたちの出発と、遺された両親の悲しみを、物語は鮮やかに描いていきます。

ネヴァーランド……子どもたちがいつも夢見ていた冒険の舞台、子どもたちの心の地図ともいえるこの島は、ほんとうにわくわくする場所です。

ピーターがウェンディを連れていったのは、ネヴァーランドに暮らす迷子たちに、母親役としてお話をしてもらうためでした。ここでウェンディは喜々として、大人の母親役をつとめることになります。小さいため一度にひとつの感情しか持てない妖精のティンカー・ベルはウェンディに意地悪をしたりしますが、後に重要な役割をはたします。

サンゴ礁の入り江、虹の泡のボールで遊ぶ人魚たち、踊る妖精たち、インディアンの勇士たち、海賊たちの恐ろしい歌声、そして海賊のかしらのフックと、フックの時計がついた腕を食べたため、いつもカチカチ音をさせているワニ……、そしてピーターが帰ってくるとネヴァーランドの島は活気づきます。作者のバリーはこの物語を作り出す過程で、知人のデイヴィズ夫妻の子どもたちといつも公園で妖精ごっこをしたり、お話を聞かせたりしていたということで、ピーター・パンの物語全体が、この上なく真剣でリアルな「ごっこ」遊びの世界といってよいでしょう。もとが劇だったこともあって、とてもウィットに富んだ会話と、いくつか準備されたクライマックスの場面が、読者を引きこむ力を持っています。

「ぼくは若さだ、喜びだ」

その名場面の一つが、フックによるピーターの「毒殺未遂事件」です。フックは悪党ながら、貴族的で昔はハープシコードの名演奏家でもあったという魅力的なキャラクターで、海賊たちもそれぞれ個性あふれる大人ともいえるでしょう。子どもたちやウェンディが海賊たちに捕らえられたことを知らず、地下の小屋で眠っているピーターにフックは忍び寄り、ピーターの飲む薬に毒を入れます。ピーターが飲もうとした瞬間、ティンカー・ベルが身代わりになって飲んでしまい、その生命は消えかけます。しかしピーターは世界中の子どもたちに「きみたち、妖精を信じますか？」と呼びかけ、子どもたちの拍手でベルは生き返るのです。また海賊船上でのピーターとフックの一騎打ちの場面では、「パン、きさまはいったいだれだ？」というフックの問いに、「ぼくは若さだ、喜びだ、卵から出てきたばかりの小さな鳥なんだ」と答えるのも、とてもピーターらしいことでした。

子どもたちは大人になっていく

やがて帰還の時が訪れます。ダーリング家では、父親のダーリング氏が、犬の乳母ナナを馬鹿にした自分の非を悟り、みずから犬小屋に入ってそのまま会社に出勤するという、思わず笑ってしまう大人の行動が描かれます。子どもたちは、迷子たちも一緒に無事ネヴァーランドから帰り、送ってくれたピーターとの別れを惜しみます。その後、歳月は流れてウェンディも弟たちも大人になり、そして毎年一回、春の大掃除のために誘いにくる、昔のままの姿のピーターにもついていけなくなり……、そして、やがてウェンディの小さな娘ジェインがネヴァーランドに飛んでいくようになるラストは深い衝撃を読者に与えます。「人はおとなになると飛び方を忘れるの」とウェンディはジェインに言うのでした。

この作品が劇として一九〇四年にロンドンで初演された時、大変な評判となったことは、子ども時代への郷愁を持つ大人の心の琴線に触れたためでした。でも、子ども読者を惹きつける「遊び」の魅力も、ピーターを現代にまで生き続けさせる大きな要素でしょう、いつまでも子どもっぽさから抜けきれない大人を病理学的に「ピーター・パン　シンドローム（症候群）」（ＰＰＳ）と名づけたのはアメリカの心理学者ダン・カイリーですが、私は、社会に適応できないＰＰＳと診断された人びとを、いつまでもネヴァーランドを忘れない人びととして復権したいとひそかに思っています。

＊福音館書店の石井桃子訳と、偕成社文庫の芹生一訳を参考にしました。

本書は、月刊誌『子どものしあわせ』（日本子どもを守る会編）二〇一三年四月号〜二〇一六年三月号での連載「児童文学の中の子どもと大人」に加筆修正し、再構成したものです。

著者紹介

きど のりこ

神奈川県生まれ。早稲田大学文学部史学科卒業。児童文学の創作・評論にかかわって現在に至る。「パジャマガール」で第24回新美南吉児童文学賞を受賞。日本児童文学者協会会員。ファンタジー研究会会員。アジア児童文学日本センター会長。

ともに明日《あした》を見《み》る窓《まど》
児童文学《じどうぶんがく》の中《なか》の子《こ》どもと大人《おとな》

2017年1月21日　初版第1刷発行
著　者　　きど のりこ
発行者　　比留川 洋
発行所　　株式会社 本の泉社
〒113-0033　東京都文京区本郷2-25-6
TEL. 03-5800-8494　FAX. 03-5800-5353
http://www.honnoizumi.co.jp
印刷・製本　新日本印刷株式会社
DTP　　木椋隆夫

ISBN978-4-7807-1604-7　C0000